地域創造研究叢書
No.10

「子育ち」環境を創りだす

愛知東邦大学地域創造研究所=編

唯学書房

まえがき

　この本は「子育て」ではなくて、「子育ち」について書いたものです。人は自ら育っていく力を秘めています。子育て支援は、子どものこの力を存分に発揮できるように、環境を整えることです。現在の「子育ち」は、「子育て」をしたいおとなの「行き過ぎた配慮」や、「豊潤な生活の追求」が優先して、育ちと育てのバランスが悪くなっています。それを教育論という空論がメディアを通じてわれわれに配信されて、あたかも真剣に子どものことに取り組んでいるかのような錯覚を起こしているように思われます。しかし、子どもに接するおとなとの毎日の積み重ねが人を作っていくということをもっと見直す必要があります。

　私たちはこのことを打破する糸口を見出すことはできないだろうかと考えました。それは子どもが体験するごく身近なところに鍵があるように思いました。それは地域を取り戻すことです。地域はその概念も危い時代になりましたが、今回は子ども時代に出会うであろう環境を想定しています。そこで、地域創造研究所の中で、「名東の子ども研究会」を立ち上げました。13名のスタッフは、愛知東邦大学の教職員と外部のもので構成されておりますが、研究会や発表会などを通じ、考えたこと感じたことをここにまとめました。

　子どもが、子どもの時期を子どもらしく過ごすことができれば、今起きている問題の少しは減少していくことでしょう。子どもの体は今悲鳴を上げているように思われます。『沈黙の春』を書いたレイチェル・カーソンは絶筆となった著『センス・オブ・ワンダー』で、「『知る』ことは『感じる』ことの半分も重要でないとかたく信じています」と述べています。現在はこの、子どもが感じる場面を減少させ、子どものからだを硬直した鎧に包んでいるように思われます。

　「子育ち」とはいっても、おとなのあり方が大きく関わっていることはいうまでもありません。おとなと地域の関係を考えるとき、交通の便がよくなり、情報が発達したこともあって、新しい地域の創造があちこちに見られる現在です。祭りや行事を機会におとなは簡単に地域に入っていく手段を持っています。また、そのことで、地域につながっている意識を持つこともできます。また、地域に出かけていくことにより、地域へ貢献している実感を持つことができます。

　この本ではおとなを「大人」とは書いていません。なぜなら、おとなは決して大

きな人ではなく、子どもと同じように子どもと共にまた育っていく存在であるからです。この本を書きつつ、おとなは「大人」と書けるほど、成熟したものであろうかと反省したという意味もあります。子どもがおとなの供であると思われた「子供」から、子どもという独立した人格と考えられるようになった考え方に通じるものです。

この本は第一部に子どもの現状や子どもを取り巻く環境で起こっていること、歴史的な経過などについて書いています。できるだけ最新のデータを使用して語っていますが、子育ちの普遍的な問題を扱ったつもりです。

第二部は地域創造研究所主催で行われました講演会・シンポジウムの収録です。当日示されたビデオ等はありませんが、それでも内容は十分わかるようになっています。普段はなかなか聞けない評判の良かった企画でした。

第三部は地域における子どもの位置、そして、これからわれわれが考えなければならないこれからの地域の課題について書いています。

全編、ささやかな提案を入れております。どこから読んでいただいても結構です。この本はただの読み物にとどまらず、読者の心の中で再編成して、子どもの未来を輝かせるための行動へとつながる契機にしていただければ幸いです。

2008年9月吉日

名東の子ども研究会主査　古市 久子

目　次

まえがき　iii

第一部　子どもの「育ち環境」を考える

第1章　子どもの心とからだの基礎づくり　澤田 節子　3
  - Ⅰ　食生活の大切さ　4
  - Ⅱ　外遊びの楽しさ　6
  - Ⅲ　基本的生活習慣の育成　9
  - Ⅳ　安全教育は幼児期から　13
  - Ⅴ　健康教育は日々の生活をとおして　14

第2章　なぜ、子どもには体験が必要か　橘 廣　19
  - Ⅰ　保育現場における子どもの活動　20
  - Ⅱ　利き手の指導　23
  - Ⅲ　脳科学研究から考える保育カリキュラム　26

第3章　なぜ今"ふれあう"ことが大切か　古市 久子　29
  - Ⅰ　現代の親の悩みからみた子どもとの"ふれあい"　29
  - Ⅱ　幼児期の記憶から見た「ふれあい」　35
  - Ⅲ　集団生活に入ってからのふれあい　37
  - Ⅳ　ふれあいの場の創出に関する課題　40
  - Ⅴ　なぜ今、ふれあいが必要か　41

第4章　新しい児童福祉の視点　宗貞 秀紀　43
  - Ⅰ　子育ての社会環境と児童福祉の歩み（概観）　43
  - Ⅱ　人間社会での子どもの位置と養育史　47
  - Ⅲ　産業構造、経済活動の視点からみた養育と子どもの状況（一部重複有）　52
  - Ⅳ　未来へつなぐ「子どもの養育視点」　54

第5章　文化こそみんなの心をつなぐ
　　　　　　　　　——音楽〈歌〉を通したまちづくり　矢内 淑子　59
　Ⅰ　保育所・幼稚園における子どもの文化と地域社会との関わり　60
　Ⅱ　音楽〈歌〉を通したまちづくり　64
　Ⅲ　文化を通したまちづくり　72

第6章　社会的養護を必要とする子ども・家庭の実際
　　　　　　　　　——支援・保護を求める子どもの実態を通して　神戸 賢次　75
　Ⅰ　反社会的・非社会的問題行動の子どもの実際　75
　Ⅱ　子育て家庭環境上の問題を抱えた親・子どもの実際　77
　Ⅲ　社会的養護を必要とする子どもの実際——乳児院・児童養護施設　79
　Ⅳ　権利条約下における要保護児童・要支援家庭対策の方向　81
　おわりに　84

第7章　子どもの幸せを考える　遠藤 ふよ子　87
　Ⅰ　子どもは社会の宝物　87
　Ⅱ　手をつないでほしい子どもたち　88
　Ⅲ　絵は心のレントゲン　89
　Ⅳ　虐待を考える　93
　Ⅴ　子どもを取り巻く文化の意味　97

　　　　　第二部　子どもが育つ地域づくり——講演会・シンポジウム

第8章　講演「人間になれない子どもたち」　清川 輝基 氏　103

第9章　講演「子どもの環境とケータイ」　小宮山 康朗 氏　117

第10章　シンポジウム「地域の子育ち環境を考える」　125
　　　　　　　　　　　コーディネーター／古市 久子
　　　　　　　　地域で子どもの遊び場づくりを／田嶋 茂典 氏
　　　　　　　携帯電話は現代のお菓子の家／小宮山 康朗 氏
　　　　　　子育ち環境としての共同性のために／矢藤 誠慈郎

第三部　自分たちのまちは自分たちの手で

第11章　子どもとはどのような存在か
　　　　　　　——現代の子どもと子育ちを理解するために　矢藤 誠慈郎　149
　Ⅰ　子ども観の転換　149
　Ⅱ　教育の問題　152
　Ⅲ　学校は変わったか　155
　Ⅳ　子育ての変容　157
　Ⅴ　子どもが育つための共同性の構築　159

第12章　新時代の育ちと育て
　　　　　　　——わたしたちの手で創る「子育ち」　山極 完治　161
　はじめに　161
　Ⅰ　成熟した市民の時代——多様な「違い」は活力の源泉　162
　Ⅱ　閉じたコミュニティから開かれたコミュニティへ　164
　Ⅲ　生きる総体としての「地域」づくり　166
　Ⅳ　「子育ち」とベストハーモニーを奏でる「子育て」　167
　Ⅴ　地域と共にある「みんなで子育ち」　169
　おわりに　173

第一部
子どもの「育ち環境」を考える

何かおいしいものできたかな（名東保育園）

第1章　子どもの心とからだの基礎づくり
澤田 節子

　子どもが健やかに育っていくには、心とからだが「健康」であり、子どもが安心して生活できるような社会環境が整っていることが肝要である。子育てと家庭教育についてみると、政府が「早寝早起き朝ごはん」などを打ち出すこと自体、子どもが育ちにくい環境におかれていることの証明である。

　各種の世論調査の結果をみると、人々がもっとも高い関心を示しているのは、健康に関する事柄である。むろん、健康問題は、時代と共に変化してきているが、食事・睡眠・運動などの日常生活が深く関係しており、生きていくうえでの基盤となっているものなのである。特に現代社会は、飽食の時代であるにもかかわらず、以前に見られなかった食生活の乱れや運動不足が話題となっている。

　こうした生活環境の変化は、子どもたちの心とからだを蝕み始め、新たな健康障害を引き起し始めているのである。そのため国は、人々が健康を増進するために、2000年にスタートさせた「健康日本21」で、疾病予防のみならず栄養・食生活、身体活動・運動、休養、心の健康など生活習慣の改善に対する基本的な考え方を示し、国民の健康づくりを推進している。

　今回、筆者らは「地域での育ち環境の実態」を知るために、名古屋市名東区近郊の保育所・幼稚園を対象に2007年11月に記述式の質問紙調査をし、29件の回答を得た。調査結果として「幼児の基本的生活習慣で気になる点」は、図表1-1に示したとおりで、「外遊びが少ない」「睡眠時間の乱れ」「食生活の乱れ」「衣服等しつけ」「排泄自立の遅れ」「集中力に欠ける」の6項目に集約された。

　次いで「保育所・幼稚園での安全教育」は、図表1-2に示したとおりで、「交通安全指導」「地震等避難訓練」「遊具の点検指導」「生活上での安全」の4項目に集約された。これらは、地域の抱える育ち環境の実態であると共に昨今の課題とも重なることから取り上げた。

図表1-1　幼児の基本的生活習慣で気になる点

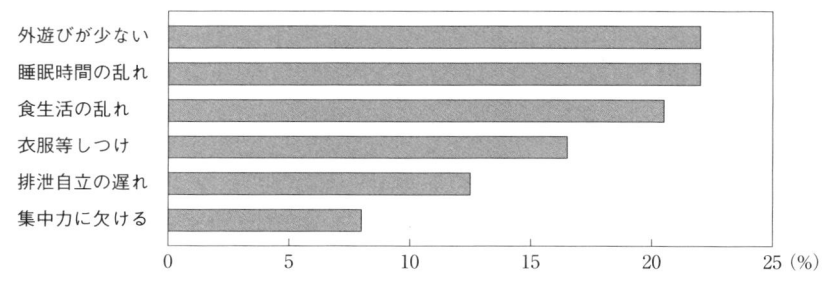

- 外遊びが少ない
- 睡眠時間の乱れ
- 食生活の乱れ
- 衣服等しつけ
- 排泄自立の遅れ
- 集中力に欠ける

図表1-2　保育所・幼稚園での安全教育

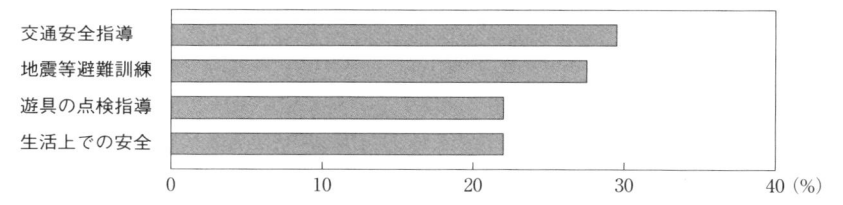

- 交通安全指導
- 地震等避難訓練
- 遊具の点検指導
- 生活上での安全

Ⅰ　食生活の大切さ

健康の秘訣は食生活で決まる

　私たちのからだは、食事をし、睡眠をとり、適度な運動をし、生き生きと暮らしていれば、個人差はあるものの生きる力が備わってくるものである。だが、実際の食生活を眺めてみると、幼児期の欠食率はそれほど高くないが、小学生、中学生になると欠食する子どもが増えている。なかでも、大学生や青年たちの朝食の欠食率が全体の2〜3割を占め、朝食摂取の必要性が叫ばれている。

　筆者らの調査をみると、「食生活の乱れ」では、「朝食を食べないで登園する子が増えている」「食事の乱れ（食事のマナー、栄養バランスが心配）」「体温の低い子が多くなっている」「ファーストフードなどの利用で好き嫌いの多い子が多くなった」などであった。こうした状況が保育の現場でみられており、朝食を食べないというだけに留まらず、体温が低いなどからだに異変が起きてきているのである。

　梶ら[1]の「幼児期の健全な食生活に関する調査」では、食事で気になることの第1は「偏食、肉・生野菜など好きなものしか食べない」、第2は「よく食べる時と

写真 1-1　調理のお手伝いができる子ども

食べない時の差が激しい、ムラがある」、第3は「遊び食べ、落ち着いて食べない、食事に集中できない、ダラダラ食べる、主食を食べずおかずばかり食べる」と報告している。これらは筆者らの調査と同じ傾向で、偏食や食生活の乱れはどこを切り取っても観察できる。

　上記のような栄養の偏りや食事行動の変化が続くと、徐々にからだの変調をきたし、さらに、脳も周りの環境にうまく適応できず、ギクシャクし始め、人々の心とからだの不健康を来たすことになる。私たち人間は、食物からエネルギーを得て何千年も生きてきていることを考えると、食生活の乱れが心身によいわけがない。

　「中日新聞」(2007年10月14日付) の「子どもと食事」の欄で、親は子どもを少し早めに起こして、朝食の手伝いをさせるとよいと報じている。これは子どもに快適な朝食を摂らせるためだけでなく、脳に「五感の刺激」を与えて「覚醒」させる方法であり、生活全般のリズムを整えることができるからである。幼児が朝食を摂らないというのは、子どもというより、親の生活がそのまま表出されていることにほかならないからである。まずは、子どもが心身ともに健やかに成長するという視点で、親も早起きして一緒に生活リズムを正していくことが大切である。

お菓子が食事の代用か

　先日、地下鉄の車内で母親が子どもに要求されて、お菓子を次々と与え続けてい

たのを見かけた。親たちは「子どもが朝ごはんを食べない」「食が細い」「偏食」と言いながら、3〜4歳の幼児にお菓子を与えているのである。お菓子は子どもが喜ぶ食品である。これらを過食させ運動不足が重なれば、食欲不振につながり食生活が乱れてしまう要因を作り上げているのである。現代の親は、子どもと争うことを嫌う傾向にあり、欲するままの養護になってしまっているものと思われる。

伏木[2]は「お菓子で食事をしはじめた現代人」の中で、お菓子は快感を発生させる食の典型であるという。食品中の甘味と脂肪の組合せは、強烈な快感となり脳もこれに弱い。現代人のご飯の主流が、遠からずお菓子に変るであろう、と指摘している。昨今、お菓子は、世界各地からいつでも、どこでも入手できるようになり、種類も豊富で美味しいと感ずる材料で作られており、容易に手を出したくなるようにできあがっているのである。

人間の欲求は、いつの時代になっても、いくら年を重ねても、生理的な欲求には勝てないもので、空腹時に与えられる食物ほどおいしいものはない。そのためか日本社会では、忙しさも加わって電車の中でも歩きながらでも、手軽に空腹を満たしてしまう実態がある。これに対し、脳の快感を断ち切り我慢をさせるということ、すなわち、子どもたちに対して健康的な食生活を維持させることが、容易なことではないという現実もある。

古くから日本は、米飯と味噌汁（だし）で過ごしてきた食文化があるが、今さら、昭和30年代に戻るわけにもいかないし、戻りたいとも思わない。近年は、日本食の評価も高まってきていることから、私たちおとなが食文化を大切にし、子どもの舌に日本の食文化を覚えさせるのは、幼児期の食であるということを再認識したい。そのため幼児期の食生活を考える場合、甘味なお菓子を安易に与えてしまわない社会づくりをしない限り、健康的な食生活を築くことは難しいといえよう。

Ⅱ　外遊びの楽しさ

外遊びが少なくなってきた

「中日新聞」（2008年1月27日付）の「子どもが外で遊ばない」の欄によると、「衛星利用測位システム（GPS）を使って、滋賀県長浜市内の小学生約460人の放課後の行動を調べたところ、6割が屋内で過ごしていた」ということである。外遊びをしている子どもの姿を見るのが珍しくなってしまった現状に対し、都市計画では子

ども中心に考えるべきだ、としている。

1960年位までは、遊具が少なかったこともあり、外で遊ぶ子どもがほとんどであった。地域では近隣の遊び仲間がいて、異年齢の子どもからなる遊び集団の中で、遊びのルールやさまざまな技術を継承していた。子どもは、遊びを通して集団内での個人の役割や勝負の厳しさなどを、自ずと学んでいる。子どもの遊びは、おもしろさ・楽しさに惹かれて、そこにあるものを使い、自然を相手に高いところに登ったり飛び降りたり、自発的にさまざまなことをしているのである。

筆者らの調査をみると「外遊びが少ない」では、「家庭での遊びは、テレビの視聴、ゲームなどである」「外遊びの割合が減って、全体として体力が下降ぎみである」「徒歩で登降園しないで車、自転車、抱っこで来る子がいる」「すぐ寝転ぶ、転ぶとき手が出ない子が増えた」などの記述があった。このように遊びは、テレビ、ゲームなどが主流となり、遊び方が変わってしまっている。

一般家庭をみると、居間では四六時中テレビがついており、それが日常の暮しになっているのである。親たちは、家で子どもにテレビをみさせるか、ゲームをさせるかして機器に子守をしてもらっておく方が都合がよいのである。したがって、子どもは誰とも言葉を交わすことなく、機器が遊び相手となり楽しませてくれるので、受動的で合理的な過ごし方になってしまっているのである。

これについて清川[3]は、『人間になれない子どもたち』の中で、メディア漬けになると、人間として重要な脳神経、自律神経、人間を支える足、視力・立体視力、コミュニケーション能力などが育っていかない、と具体的事例で説明し、警鐘を鳴らしている。これに呼応するように親たちの相談は、子どもがネットに夢中になり、1日中からだを動かそうとしない、言葉といえば眠たい・からだがだるい・疲れるといった身体症状を訴えるだけで、親子の会話も成立しないという。

戸外遊びが難しくなってきている現状では、おとなたちが子どもと一緒になって何らかの活動を始めることが必要ではないだろうか。とにかくこの社会環境の変化を取り入れ、子どもたちが運動できるような遊び場の確保、遊具の開発など先達の知恵を取り入れた工夫が急務である。

体力づくりに運動遊びを

私たち日本人は、子どもに限らず誰もが総運動不足といわれるように、長時間の歩行や運動をしなくなってしまった。保育所・幼稚園への送り迎えも車が多くな

写真1-2 シーソーに乗って遊ぶ子どもたち

り、社会全体が運動不足・体力不足の状況を作り出している。人間の成長発達からみると、幼児期の体力・運動能力の発達は目覚しく、特に低年齢ほど増加率が高いとされている。最近の「学校保健統計調査報告書」[4] をみると、児童生徒の身長・体重などの体格は、親の世代と比較すると増加している。

しかし、体力・運動能力テスト結果は、1990年代から男女とも低下傾向にある。これら児童生徒の体力・運動能力の低下要因としては、戸外遊びの減少による運動不足が指摘されている。運動能力は、1日の戸外遊びの時間が多いほど、また、1日の運動遊びの頻度が多いほど明らかに高い得点を示している。これは、戸外遊び・運動遊びの重要性を裏付けており、幼児の発達に即した生活の仕方や戸外遊びができる地域環境が要請されているのである。

保育所・幼稚園のプログラムをみると、戸外遊びでは、散歩、朝の体操、鬼ごっこ、腹筋を強くするハイハイなど、運動遊びでは、年齢に伴って縄跳び、マット、跳び箱、鉄棒、のぼり棒、水泳、ドッチボールの対抗試合、マラソン（園庭）などの内容が多く取り入れられていた。

戸外遊びや運動遊びのなかでも、子どもは「鬼ごっこ」が大好きである。「鬼ごっこ」は、振り向きながら走ったり、隠れたりする動きがあり、体力と共に状況判断力を養う。要するに、幼児期の遊びには、筋力、瞬発力、持久力など体力全般を総合的に高め、人間関係を形成する働きがある。運動に関しては、マラソンをさ

せなければ持久力が高まらないというものではないという[5]。だから、子どもたちは遊びの中で、走る、跳ぶ、はう、投げる、打つなど、いろいろな運動ができる地域環境が必要なのである。幼児一人ひとりが遊びを見出せるような仲間がいて、一緒に飛び回る外遊びを増していくことが望まれるのである。

また、幼児期の体力づくりで重要なのは、調整（コントロール）能力であり、頭部、体幹、四肢（腕と脚）の細部に至るまで、お互いに調整しながら動かす能力である。これは運動に限らず、字や絵を書いたり工作をしたり、楽器の演奏やいろいろな道具の使用、物を取ったり・追っかけたりなど、すべての動作はこの調整能力を基本とした協応動作である、ということを理解しておく必要があるだろう[6]。

このように遊びをとおして、手足や諸道具を使うことで脳を使い、子どもの心身の諸能力が養われていくのである。

子どもたちは、遊ぶことが面白いから、楽しいからするのであって、一方的に与えられた体力づくりのためだけではない。それに子どもは、もともと何にでも興味・関心を持つし、からだを動かすことも大好きなので、屋外でおとなも一緒に参加してからだを動かす運動遊びをすることが健康的な生活といえよう。

Ⅲ　基本的生活習慣の育成

やっぱり早寝早起きはよい

人間は、1日の生活の中で食事・睡眠・活動と規則正しい生活があってこそ活動意欲が湧き出てくるものであり、生活リズムのない生活では意欲も好奇心も減退してしまう。生活リズムが保障されることで心身の成長発達を促し、子どもの基本的生活習慣が整えられていくのである。

人間は、生命活動を維持するために食事と排泄、活動と休息など、バランスのとれた生活をすることが大切である。俗に、寝る子は育つということわざがあるように、昼間十分に活動すれば身長が伸びるといわれてきた。

ちなみに睡眠に関するホルモンをみると、子どもの場合は骨の発育を促す成長ホルモンが、入眠直後の深い眠りに一致して分泌される。他にコルチコステロイドの分泌は朝がピーク、メラトニンは朝起床後14～16時間後に分泌される。これらのリズムは生体時計が制御しているのである[7]。このように睡眠は、生理学的な意味も大きく、かつ心身の疲労を回復させることから、人間にとって欠くことができ

ない。だが、現代社会では、生活時間の24時間化で、食事・睡眠時間が削られてしまうのである。

　筆者らの調査をみると「睡眠時間の乱れ」では、「早寝・早起きの習慣が身についていない」「就寝時間が遅い子が多くなっている」「保護者の生活に合わせ、子どもも夜型の子が目立つ（親の生活リズム）」「おとなの都合で振り回されており、午前中に活動できない」などであった。こうした状況は、おとな社会の都合により、子どもも同じような夜型生活をさせられていることから、夜更かしの習慣が身についてしまっているのである。特に子どもは、睡眠覚醒のリズムが乱れてしまうと、やがて心身の機能に悪影響を及ぼし、取り返しがつかなくなってしまうことを認識しておくべきである。

　睡眠覚醒のリズムについてみると、年齢が進むにつれて睡眠は、夜間に集中し昼間の覚醒時間が長くなる。子どもの発達段階では、昼寝が必要な時期に時間がずれてしまうと、夜寝るのが遅くなり、悪循環の始まりともなるのである。子どもが快適な睡眠をとるためには、日中十分に身体を動かし、入眠しやすい環境が整えられ、精神的に安定していることが重要である。加えて睡眠にかかる習慣として、排泄の自立と関連させ、寝る前に着替えをし、トイレに行き、あいさつをして寝るという生活習慣を身につけさせることが大切である。

排泄の自立を支援する

　一般的な排泄の自立過程について、奈良間[8]は以下のように説明している。新生児期は神経系の発達が未熟なため、排泄を抑制することができないが、1歳を過ぎるころには、膀胱に尿が溜まった感覚や排尿時の感覚を経験して、排尿前後に特定の行動をみせる。排尿は、2歳から3歳半頃までに自立する。排便は、2歳半頃から大脳皮質の機能が発達して便意を感じるようになり、排便を抑制できるようになる。このように排泄行動の自立には、子どもの発達に伴って刺激が大脳皮質に伝わり、尿意や便意を感じて排泄の調節が可能となるのである。

　筆者らの調査をみると「排泄の自立の遅れ」では、「排泄の自立の遅れている子どもが年々増えている」「紙オムツの普及で排泄のしつけが、年々ルーズになってきている」「不規則な排便」「園ではパンツで過ごさせても、家庭でオムツを使用するため一貫した指導ができない」などであった。このなかで排泄自立の遅れ要因の1つには、不快を感じさせない紙オムツが挙げられる。近年では、紙オムツの研究

開発も進み、洗濯の手間が省け、育児の大変さを解消させているのは確かである。

しかし、紙オムツは、便利で今や育児には欠かせないが、子どもに快・不快の感覚を、失わせている要因になっていることを忘れてはいけない。近年、子育ての原点となる養護が、便利なものに転換してきつつあり、よい時代となった。これは人間が求めてやまない文明の賜物で、不便・不自由に逆戻りすることはないが、紙オムツは幼児の発達段階を考慮し活用したいものである。

昨今では、オムツをしている幼児に対し、文字の読み書きが幼児教育と思い込んで、懸命に指導している親もいると聞く。それにしても排泄訓練は、親が神経質になりあせってしまうと、子どもが敏感に感じ取り訓練に失敗することもある。むろん、子どものしつけでは失敗もありうるが、親が子どもの行動を指示し、管理しすぎてはいけない。

まさしく排泄訓練は、親子が一緒になって取り組む、教え・教えられる過程の中で信頼関係が形成され、子どもと共に親も成長していくのである。子どもが一人の人間になるということは、適切な時期に、必要な訓練を受けることでもある。排泄の自立過程では、親を含めた周囲の者が生理的な成長発達を十分に理解し、温かく見守り支えていくことであろう。

便利さを引換えに失ったものを取戻そう

子どもをめぐる教育環境は、1970年代頃から高等学校・大学進学率が急上昇した。親は将来の生活を安定させるためにも、子どもができるだけ偏差値の高い学校に入ることを願い、学力中心の学歴社会へと変化させた。この頃から、地域や家庭の教育力が徐々に低下し、何でも学校に任せてしまう傾向がみられるようになった。それまでは親や地域の人々が担ってきた礼儀や、生活習慣技術も学校で指導しなければならない状況が生まれてきた。昨今は、学校を通してしか人間形成が図られないかのような錯覚を起こしてしまう社会状況にある。その流れは、幼児保育においても同じ傾向がみられ、保育所・幼稚園が中心にならざるをえないのである。

生活習慣技術の習得は、親以外に祖父母・きょうだいが、互いに競い合い、かばい合う関係の中で、あいさつや立ち居振る舞いなどを身につけていった。こうした関係は、既に薄れてしまっていることはいうまでもない。

筆者らの調査をみると、「衣服等しつけ」では、「衣服の着脱、洗顔がうまくできない」「年長でも箸の持ち方、鉛筆の持ち方がよくない」「身の周りの整理を行おう

とせず、自分ではできない」「物をなくしても探そうとしない」などであった。このように子どもに手をかけすぎている人と、施設に任せきりの人に分かれているようである。

　生活習慣技術の指導は、丁寧な技術の伝達であり、子どもの日々の生活の中でその都度、繰り返し重ねられていくことが大切なのである。とはいえ、生活指導の中で箸のもち方、着替えなどのしつけは、早く身につけさせたいため熱心になりすぎ、一方的になってしまう危険性を秘めている。わが国の各家庭の生活形態は、以前に比べ均一でなくなっていることから、子どもの個別体験も異なってきていることを念頭におき、親と共に協力して指導していくことであろう。

ママたちは育児書がたより

　わが国の合計特殊出生率が低下し始めて20年以上が経過した今日、政府も少子化担当相をおき、少子化・子育て対策などの政策を発表しているが、なかなか思うように子育て支援が進んでいない。だが母親たちは、日々育児書などを参考にしながら、懸命に子育てに取り組んでいるのが現実である。

　筆者の身近な子どもの食事例をみると、離乳食の開始時期から、「育児書によいと書いてあるものをひたすら食べさせた」という。たとえば、1～2歳：離乳食には、ゆでた野菜やおやつなどを作って冷凍し、適宜使用するようにした。2歳前後：食事摂取の練習を始めた頃は、好き嫌いがないように懸命に食べさせたが、食事時間が長くかかり食事にかかりきりになっていた。3～6歳：食事はバランスよく、残さず食べるということに気を遣ったと述べていた。まさしく子どもを中心とした日常生活で、いちずに我が子の成長を願い、育児書どおりに育てようと奮闘している母親の姿を垣間見ることができる。

　子どもの食事や保育所・幼稚園で使用するものは、手作りが最適であり「母親の愛情よ」という風潮がある。この風潮がときに母親を追い詰め、育児の大変さを誘導している面もある。もっとも母親たちは、育児に対する知恵をどこから求めているかの質問に対し、「身近な友人」という回答が多かったという。その理由としては、同じ世代の子をもつ友人から、気軽に聞く方がわかりやすく、かつ頼りになるからであろうか。しかし、その知識が偏っていたり間違っていたりしたときには、そのまま受け取ってしまうこともあり、時にはそれが育児をゆがめてしまうこともある。

子育ては、父親と母親が協力するのが大前提であり、それに保育の専門家や地域の人々が参加していくことが重要であろう。特に近年は、核家族化が進行し、共働き家庭も多くなり家族のありようにより、多様な支援の方法を考えていく必要があろう。「21世紀はチームで子育て」とアピールされていることから、保育の専門家がコーディネーターとなり地域全体で、親への支援をしていくことが望まれるのである。

Ⅳ 安全教育は幼児期から

子どもの事故防止を

　幼児期の事故の現状では、死亡事故原因の第1位が不慮の事故である。不慮の事故を種類別にみると、交通事故が最も多く、窒息、転倒・転落、溺死・溺水などが多い。年齢階級別にみると、乳児期では窒息が圧倒的に多く、1～4歳では交通事故、次いで窒息となっている[9]。子どもの事故死の絶対数は減少しつつあるが、死に至らずとも、医療を必要とした事故も多く発生している。なかでも交通事故防止について、子どもは遊びに夢中になって急に道路に飛び出すことがあるので、できるだけ危険の少ない場所を選ぶように指導することが大切である。

　また、「朝日新聞」（2007年6月3日付）の「子どもの事故」の欄に、家庭内での事故例として、「洗剤を飲んでしまった」「階段・ベランダから落ちた」「たばこを食べた」「トイレに頭から落ちておぼれてしまった」「アロマオイルや消臭剤、ピアス、リモコンの蓋をあけ電池を口に入れた」などが報道されていた。このように、家庭内での偶発事故も多くみられていることから、子どもの興味・関心や行動は、成長・発達段階で注意点が変化することを認識しておくことである。

　子どもは危険に関する認知と回避行動が十分でない。そのため私たちおとなは、起こりやすい事故の特徴とその予防を理解し、子ども自身にも何が危険で、何をしてはいけないか、体験を通して学びとらせ、徐々に安全性に対する能力を身につけていけるよう指導することである。

保育所・幼稚園での安全教育

　子どもが心身ともに快適に過ごすには、安全で安心できる生活環境が保障されることである。筆者らの交通安全指導に関する調査では、「園外保育時の飛び出しの

禁止や交通ルールについて指導する」「警察や自動車学校に行って交通安全指導を受けている」「交通安全について実技と授業の両面から親子で学ぶ」などであった。各園とも定期的に地域の警察、自動車学校、親の協力を得ながら実施されていた。

また、地震・火災避難訓練、防犯避難訓練は、保育所・幼稚園などで絵本や紙芝居を見せながら、行事として定期的に実施されていた。これらは子どもの発達段階に応じた内容で、さまざまな体験や保育の場となっている。

この中で防犯避難訓練は実施されているが、不審者などから子どもを守る対策が十分とはいえない。子どもが被害を受けるのは、保育所・幼稚園に在園中というより、帰宅途中及び帰宅後も多く発生していることから、地域の協力が欠かせない。そのため、たとえば高齢者と子どもの触れ合いの場づくりをするなどして、地域を巻き込む方策が必要であり、地域社会の温かい見守りの目を復活させていくことにあると思われる。地域の人々が子どものことを知り、いつでもどこでも誰もが見守るという精神で、協働して子育てをしていくことであろう。

遊具の点検指導では「遊具・体育用具は、学期始めに点検し安全に使用できるようにしている」「園内の遊具、体育器具の正しい使い方など段階をおって指導する」「遊びの中から危険なことは、何かについて具体的に学ぶ」「新年度に施設の安全点検（安全確認マニュアルの作成）」など、それぞれ独自に点検・指導が行われていた。

昨今、プールの事故、遊園地での事故など、各地で思いもよらない遊具及び施設設備に関連する事故が頻発しており、確実な点検や対策が急がれている状況にある。日本では事故や不祥事が起きないと対策が講じられない現状にある。子どもを事故や事件から守るためには、各保育所・幼稚園が危機対応マニュアル（登下校時を含めた）を作成し、定期的に訓練しておく必要があると思われる。

V　健康教育は日々の生活をとおして

生活に密着した保健指導

幼児は成長発達が著しいことから、親や保育関係者は、心とからだの形態や生理的機能の発達、特に脳機能の働きなどを理解し、養護ができるようにしたいものである。加えて保育関係者は、健康状態の観察に付随して不自然な傷、やけど、からだや下着の汚れなども含めて、虐待や不適切な養護の発見に努めることが求められている。特に子どもは、感染症に罹患しやすいので、風邪などの急性疾患の予防の

ため、温度や湿度に気を配り、衣類の調節など適切に対応することである。

　子どもの病気について「学校保健統計調査報告書」[10]によると、5歳児の病気は「むし歯」が多い。むし歯は、1960年代は90％前後であったが、2007年で54.8％と減少傾向にある、とはいえ幼児の半数以上が罹患している。次に「裸眼視力1.0未満」の者をみると、1970年代から増え始め、2007年には6歳児で26.6％、15歳で約55％と年々増加している。また、保育や教育の現場で「からだのおかしさ」をみると、「アレルギー」が第1位を占め、年々増加傾向にある。これらの病気・異常は、不規則な飲食やテレビの普及と並行して、諸問題が派生している。なかでもアレルギー疾患は、食生活や生活環境が深く関係していると考えられる。

　上記のような病気の予防、すなわち保健指導は、生活習慣技術の獲得と同様に日々の生活の中で指導され、無理なく受け入れられるようにすることである。たとえば、衛生面での手洗い、うがいなどは、単に食前・食後のきまりというのではなく、遊びが終わり次の活動に移るときには、必ず手を洗うというように習慣づけていくことである。つまり、生活習慣の指導は、子どもの必要感に支えられ自主的・主体的に行動できるようにすることである。

　また、健康教育についてみると、小・中学校でも保健体育の教科の中で、病気や衛生に関する知識は教えているが、日常生活に密着した知識・技術になるまでに至っていない。健康教育は、おとなのみならず子どものうちから、日常生活で遭遇する病気の予防や対処法を身につけておきたいものである。たとえば、感染症やアレルギーなどは、どのようなことを心がけて生活すればよいか、熱が出たときは、どのように手当てすればよいか、下痢をしたときには、どのように対処すればよいかなどが挙げられる。このように、幼児期から自分の健康は、自分で守ることを前提に、日々の生活をとおして健康に対する関心を深めていくことである。

きめ細かな健康相談・医療支援を

　近年、子どもの人口が一貫して減少していることや医師及び他の医療従事者の不足もあり、小児科・産科は医療が立ち行かない状況になってきている。また、救急外来・病院も限られていることから、本来の救急医療の役割を果たしえない状況にある。

　筆者の知人の母親によると、子どもが病気になると共働きのため、夜しか受診できないこと、また、2人以上の子どもをもつ家庭では、父親の帰宅を待って、夜間

の救急外来を利用せざるをえないという。子どもの心身の異変に対して、母親たちは相談できる場所も少ないため、救急外来に駆け込むことになるのである。

　このような例も含まれてか、救急外来はコンビニ化し、かつ休日や夜間の救急外来が混雑し、待ち時間も長くなり悪循環が生じている。このため、日ごろから健康に関する相談ができる「かかりつけ医」を決めておき、救急のときにも対応してもらえるようにしておくことが重要であろう。

　子どもの事故やケガなどに対しては、応急処置がその後の経過を左右することから、その時・その場の状態をよく観察・判断し、適切な処置ができるようにしておくことが大切である。加えて、日常的に遭遇する事故やケガなど家庭での応急処置について、図表1-3に示した。

　また、子どもの健康や病気などの保健情報に対し、テレビ・新聞・週刊誌などの情報を鵜呑みにしてしまう傾向がある。マスコミ情報の特徴として、新聞・テレビなどからの知識には限界があること、ニュース性のある話題で編集されていることなどを心得ておき、落着いて行動できるようにしたいものである。

体験から学ぶいのちの教育

　私ごとで恐縮だが、私は2006（平成18）年12月に妹をがんで亡くした。彼女は発病から約4年あらゆる治療を試みたが、それもむなしく50代半ばで帰らぬ人となった。

　私たちは、姪の子どもを弔いに参列させた。子どもは3歳1人と6歳3人の計4人で、式場に来ても元気に飛び回って遊んでいた。子どもたちに「叔母ちゃんにお別れを言おうね」と言って、通夜の式前に妹と対面させた。私たちは悲しさで涙が溢れていた、そのとき子どもは「叔母ちゃん寝ているのにどうして泣くの」と聞いてきた。私は「叔母ちゃん天国にいってしまったの」と、そっと寄りそって身体に手を触れていた。子どもたちも真似て同じことをした、そのとき子どもたちは、思わず手を引っ込め、深刻な顔つきになっていた。その後、子どもたちなりに事実を受けとめたようであった。

　そして通夜の式前、子どもたちに参列するか否かを訊ね、参列するならば静かにするように伝えた。子どもたちは1時間続いた式に、神妙な顔をして口を閉じ、親と一緒に焼香をした。翌日の葬儀も同じように静かに臨んでいた。その夜、6歳児が、「叔母さんは天国にいった？　地獄にいった？」と繰返し問いかけてきたので、

図表 1-3　事故やケガなど家庭での応急処置

状況（症状）	応　急　処　置
すり傷・きり傷 出血	傷口が土などで汚れている時は水で洗う。消毒薬を使用しない。 傷口を心臓より高くする、心臓に近い太い血管を指で押す。 傷口を清潔なガーゼで圧迫止血し、ガーゼ付き絆創膏で保護する。
打撲・ねんざ 骨折の疑い	手・足・関節の動きをみる。動きが同じならば打撲部位を湿布する。 同部位の痛みが強い時は、段ボールや板などで固定して受診する。
頭を強く打った	身体を動かさず安静にし、頭全体を冷やす。 打った直後、泣いたり、話すことができれば様子をみる。 顔色が不良で、ぐったりして意識が低下している時は受診する。
やけど（熱傷）	水道の流水で 20 分以上冷やす。服の上から受傷した時は脱がさず、服の上から冷やす。受傷部位に油などを塗らない。
誤飲	飲んだ種類によるが、喉の奥に手を入れて吐かせる。 漂白剤やトイレの洗浄剤、電池などの場合は直ちに受診する
窒息	急に苦しがり、激しい咳や顔色が悪くなった時は窒息を疑う。 乳幼児は、うつ伏せにして背中を叩き、吐かせる。 幼児は、背後から抱え、みぞおちの周りを強く押して吐かせる。

（出所）及川郁子監修『健康な子どもの看護』メヂカルフレンド社、2005 年、筆者一部改変

そのつど、「天国よ」と返していた。翌朝、3 歳児が起きてきてすぐに、「叔母ちゃん天国にいった」と幼い声で言いつつ空を見ていた。子どもたちが死の事実をどのように受けとめ、留めてくれているは不明であるが、この子たちと同様に私の心は、妹が天国にいき大空から見守ってくれているように思えたヒトコマであった。

　子どもにも人間の悲しい事実を体験させておくことが大切である。最近は、葬儀などの式典に預かり保育を依頼してくる人がいるという時代である。それに近年の医療施設は、感染や他患者への配慮から幼い子どもの見舞いを遠慮させている。まさに子どもたちは、本人の受診や入院を除き、病人からも遠ざけられているのである。つまり、病気や死という現実に対し子どもたちは、テレビ・DVD などの映像でしか目にする機会がないのである。

　日本人は古くから病気になると、子や孫に囲まれて在宅で看取られ最期を迎えていた。だが、今や日本人は、約 90％が病院などの施設で最期を迎えており、人間の苦しみ・悲しみでもある、生病老死という現象から隔絶されている。人間の生命には限界があり、人との別れがあることを子どもにも体験をとおして学ばせ、そのうえで生命の尊さを伝えていくことが肝要である。

【引用・参考文献】
(1) 梶美保・豊田和子「幼児期からの健全な食生活推進に関する一考察」第50回東海学校保健学会、2007年、36ページ。
(2) 伏木亨『人間は脳で食べている』ちくま新書、2005年、149～152ページ。
(3) 清川輝基『人間になれない子どもたち』枻出版社、2003年、125～139ページ。
(4) 文部科学省「平成19年度　学校保健統計調査報告書」2008年、6～9ページ。
(5) 杉原隆・柴崎正行・河邉貴子編『保育内容「健康」』ミネルヴァ書房、2005年、166～181ページ。
(6) 改定・保育士養成講座編纂委員会編『小児保健』（第5巻）、全国社会福祉協議会、2005年、116～118ページ。
(7) 日本子どもを守る会編『子ども白書』草土文化、2005年、48～52ページ。
(8) 奈良間美保ほか『系統看護学講座　小児看護学1』医学書院、2007年、109ページ。
(9) 厚生統計協会『国民衛生の動向』第54巻9号、2007年、52～53ページ。
(10) 前掲書（4）、166～181ページ。

【その他の参考文献】
・及川郁子監修『健康な子どもの看護』メヂカルフレンド社、2005年、310～313ページ。
・今村榮一・巷野悟郎編『新・小児保健』診断と治療社、2007年。
・藤沢良知『食育の時代』第一出版、2005年。
・飯塚美和子・桜井幸子編『最新小児栄養』学建書院、2007年。
・瀬江千史『育児の生理学』現代社、1999年。
・吉峯康博『医療と子どもの人権』明石書店、1998年。
・菅野廣一『食とこころ』学建書院、2006年。
・内田直『好きになる睡眠医学』講談社サイエンティフィク、2006年。
・北野幸子・立石宏昭編『子育て支援のすすめ』ミネルヴァ書房、2006年。
・川本隆史編『ケアの社会倫理学』有斐閣選書、2006年。
・川崎雅和『子どもの安全と健康を守る学校づくり』学事出版、2005年。
・杉山千佳編『21世紀の子育てのあり方』現代のエスプリ、No.408、2001年。
・田中越郎『好きになる生理学』講談社サイエンティフィク、2007年。

第2章　なぜ、子どもには体験が必要か

橘　廣

　ナイフで鉛筆が削れない、靴の紐が結べないといった子どもたちが1970年代より急速に増えてきている。このように、手が不器用になっていることの背景には、子どもたちの遊びや生活や学びの質の変化がある。現在も子どもたちは、ますます自分の手や体を存分に使って遊んだり生活することが少なくなっており、また頭も手も使って学ぶ面白さから遠ざけられていることが、須藤ら[1]により指摘されている。著者は70年代に幼稚園で鈴木ビネー知能検査を300名余りに行った際、6歳級の問題である、棒にひもを結ぶ「ひも結び」問題を通過した6歳児がいなかったことには驚かされた。ほとんどの子どもたちは、手本を見ただけで初めから「できない」と言って、ひも結びを試みようともしなかった。その後、保育、心理学などの専門家が警鐘をならし、保育現場でも子どもたちが考えながら手指を使うよう指導していただいたと思うが、筆者も須藤ら[2]と同じ思いをしてきた。その背景には、彼らが指摘するように、1960年代には高度経済成長期を経て、急速に普及したテレビの影響がある。70年代には遊び道具は大量生産・大量消費の「商品玩具」が主流となり、80年代からの「情報化・ヴァーチャル化」、現在はパソコンや携帯電話の普及による「ネット社会」などの影響がある。かつて子どもは遊び道具は自分たちの手で作り、屋外で仲間と徒党を組んで遊んでいたが、現在は子どもたち自身で遊びや遊び道具を考え工夫する必要性が非常に少なくなり、室内で1人でもさまざまな遊びの面白さを擬似体験することができるようになった。現実体験、直接体験が少なくなり、人格形成途上にある子どもたちは、ネット社会化の影響を受けやすく、現実感を喪失しつつある子どもたち、社会にうまく適応できない子どもたちも少なくないと思われる。便利になった情報化社会の中でこそ、遊びや生活の実体験を通して人や物と豊かに交わることが重要であろう。

　このような実体験が失われつつあることと、他者の気持ちを思いやることができない、不適切な行動を抑制できない、目標指向的行動がとれない、自発性や意欲がみられないといった大脳の前頭前野の機能に問題が考えられる子どもたちが増えて

きたこととは無関係ではないと思われる。寺沢ら[3]は、1969年より、日本と中国の幼児から中学生を対象として、前頭前野の機能に関わることが確かめられているgo/no-go課題実験を行ってきた。ここで用いられるgo/no-go課題は、光刺激を提示し、その刺激に反応したり（go）、しなかったり（no-go）する過程を評価するもので、方法は、形成「ランプがついたらゴム球を握ってください」、分化「赤と黄の2種類のランプがつきます。赤いランプがついたらゴム球を握ってください。黄色いランプでは握らないでください」、逆転分化「今度は逆です。黄色いランプがついたらゴム球を握ってください。赤いランプでは握らないでください」の3つの過程法からなる。これにより、どれほど指示が守れるかという条件結合の強さ、どれほど刺激の意味に従って反応が区別できるかという平衡性、刺激の意味を変えてもそれに応じて反応できるかという易動性の程度を検討するものである。この課題実験の一連の研究結果をまとめ、次のような報告をしている。彼らは、日本の子どもたちの前頭葉機能、特に抑制機能の発達が高度成長期以降遅れ始めた可能性を示し、こうした遅れが生じた要因として、動的遊びから、TVゲーム、テレビ、ビデオなどの静的遊びに移行し、身体活動量とコミュニケーション量が減少したことをあげている。この研究結果を基に、篠原ら[4]は、身体活動とコミュニケーションを重視した野外キャンプ活動を行った結果、go/no-go課題の成績が向上したことを報告している。なお、キャンプ活動の内容は、共同での食事作り、テント設営、登山、クラフト作り、川遊び、各種ゲーム、キャンプファイヤーであった。この研究の中に、共同での食事作りやクラフト作り、テント設営など、手の活動による目標指向的行動を仲間とともに行うというような内容も含まれていることが注目される。脳機能イメージング研究でも、前頭前野の活性化には、主として何かを創りだすことを目的にして手指を使用すること、相手の気持ちを考えながら対面的コミュニケーションをすること、芸術活動、単純計算、音読が効果的であることが認められている[5]。

I　保育現場における子どもの活動

　基礎形成の時期で脳の急激な発達のみられる幼児期に、保育現場でどのような取り組みがなされているのか、調査を行った。
　調査の目的は、保育現場で、前頭前野の機能の発達を促すような取り組みがどの

ようになされているのか検討することであった。調査内容は、子どもの創造性を高めたり、考える力を育てるためのカリキュラムについて、その具体的な内容および指導法について、自由記述で回答を求めた。調査対象は、名古屋市名東区近郊の幼稚園・保育園の幼稚園教員及び保育士171件で、調査時期は2007年10月～11月であった。

結果は、次のとおりである。図表2-1は、特に手指活動をとおして、子どもの創造性を高めたり、考える力を育てるためのカリキュラムを年齢別にまとめたものである。

また、どの年齢にも共通することとして、次のような事柄が挙げられていた。

・遊びの中で、数の概念を理解するなど思考力、創造性を高めている
・散歩先でのどんぐり集めも、草花遊びも手指を使うことであり、それら自然の素材を使った制作は、手指を使用し創造性を高めるものである
・楽しんでその活動に参加することで、思考の発達につながっていく
・おしゃべりやわらべうたの手遊びの中で、友達と指どうしでおしゃべりなど、手指を使ってお話をして遊んでいる
・空箱、ダンボールが日常から十分使用できる環境を作っている
・エコ活動の一環として廃材を使った制作を楽しんでいる
・畑に野菜を作り、収穫、簡単に調理し食するという体験を行っている
・全園児を対象に、木片を使って自由にさまざまな物を、カナヅチと釘を用い（年長ではノコギリも使用して）制作している
・子ども1人ひとりを認め、受け入れ、型にはめることなく保育し、子どもが手指で表現したものを尊重し認めている

手指活動以外にも、創造性を高め考える力を育てるカリキュラムとして、観劇、自然の中での活動（自由遊び）が挙げられていた。

以上のことから、調査にご協力いただいた名古屋市名東区近郊の幼稚園・保育園では、前頭前野の機能の発達を促すためのさまざまな積極的な取り組みが行われていることが示された。

特に、カナヅチ、釘を使用した木工作（年長児ではノコギリをも使用した大型木材工作の共同制作もなされている）、包丁を使用した料理作り、針と糸を使用したティッ

図表2-1　手指活動をとおして、子どもの創造性を高めたり、考える力を育てるためのカリキュラム（具体的な内容・指導法）

年齢	内容・指導法等	
年少	・ピカピカ泥だんご作り ・自然の素材を使った制作 ・コマまわし（ひもでまわす） ・あやとり ・ぞうきんをしぼる ・絵画（クレヨン、絵の具） ・粘土 ・折り紙、ちぎり紙 ・ブロック、ブロックアート	・手遊び（5本の指を通して家族にみたて、創造性を高め、しつけにも役立つように活用する） ・ビーズ通し（ひも通し） ・パズル ・水筒もストローはNG、フタを開けコップにそそいで飲む ・料理作りのお手伝い ・お箸使用 ・七夕笹飾りを自分でつける
年中	・ピカピカ泥だんご作り ・自然の素材を使った制作 ・コマまわし（ひもでまわす） ・あやとり ・指あみ ・絵画教室 ・造形遊び ・作品展（種々の材料を用意し、子どもたちが自分で考えて制作できる環境）	・パズル ・切り紙 ・手遊び（グー、チョキ、パー） ・ブロック、ブロックアート ・お泊り保育時の料理 ・お箸使用 ・針と糸を使ってストローと数珠玉でネックレス作り ・ビーズ通し
年長	・ピカピカ泥だんご作り ・自然の素材を使った制作 ・コマまわし ・指あみ（みつあみ、よつあみ） ・毛糸遊び（くもの巣づくり、マフラー、あやとり） ・ウィビング（ざぶとんづくり） ・織物 ・針と糸を使ってストローと数珠玉でネックレスづくり ・針と糸でティッシュケース作り（布）、ぞうきん作り ・アイロンビーズ ・木工作（釘とカナヅチ、ノコギリを使用し大型木材工作を共同制作） ・粘土遊び	・塑像づくり ・折り紙 ・切り紙 ・絵画教室 ・版画 ・紙芝居づくり ・新聞紙での遊びの中で創造性を引き出す ・お店屋さんごっこの行事を通して、役割分担工夫して作品作り ・作品展（種々の材料を用意し、子どもたちが自分で考えて制作できる環境） ・手遊び（両手を使って10羽のすずめの歌あそびを通してゲーム感覚であと何羽……数の概念や思考力を育てる） ・お泊り保育時の料理、野菜のくず切り ・お箸使用

シュケース作りやぞうきん作りは、幼児期には危険を伴う作業で、課題の達成までには、怪我をさせないことや道具の使用法、工程のわかりやすい説明などさまざまな配慮が必要で、指導は容易ではない。しかしこのような課題は、子どもたちには、集中力が要求され、また道具の動きを時間的・空間的に予測し、手指を微調整しながら動かすことが要求され、完成品のイメージを創造しながら完成させていく過程があり、前頭前野の機能を活性化するために、非常に効果的であると考えられる。手そのものでモノに働きかけるよりも、道具を使うことは、はるかに高度な知能を必要とする[6]が、カナヅチと釘と木片、包丁と食材、針と糸という複数のモノの動きの微調整は、道具の扱いからも非常に高度で、体験的に学習しなければならないものである。これらの課題は、左右どちらの手でも行えるものではなく、左右それぞれの手の役割が顕著になるので、利き手を見つけるのにも都合がよい。

　また野菜作りや、散歩先でのどんぐり集め、草花遊びにみられるような自然体験と、自然にふれる中での会話、その中で見つけた自然の素材を用いた制作も行われている。また手遊びにおいても、創造性・思考力を高め、しつけや数の概念の理解などにも役立つように、年齢にあった工夫がみられる。調査にご協力いただいた園については、子どもたちの諸発達を考慮した丁寧な指導がうかがえる結果が得られた。

Ⅱ　利き手の指導

　前頭前野の活性化のためには、何かを創りだすことを目的とした手指活動と対話が、大きな要因となるが、幼児期に利き手の指導がどのようになされているかも重要であろう。子どもが何かを創りだしたいと思っても、「こちらの手は使ってはだめ」とたびたび注意されれば、意欲もなくなってくる。後述するように、利き手の強制的な変更は脳の機能に影響があるという研究もある。そこで、園での利き手の指導について調査が実施された。

　調査は前述の調査とともに行われ、利き手の指導について自由記述で回答を求めた。調査対象、調査時期は、前述の調査と同様である。

　結果は、図表2-2に示した。

　右利きへの指導はしないとの回答は45％で、基本的に利き手の指導は行わないが、保護者からの要請があれば指導をするとの回答が21％であった。あわせて66％が、園としては基本的に右利きへの指導はしないとしている。一方、保護者に確認

図表2-2 利き手の指導

- 利き手の指導はしない (45%)
- 保護者からの要請があれば行う (21%)
- 保護者に確認し行う (21%)
- 利き手の指導をする (13%)

図表2-3 非右利き者の年齢的変化

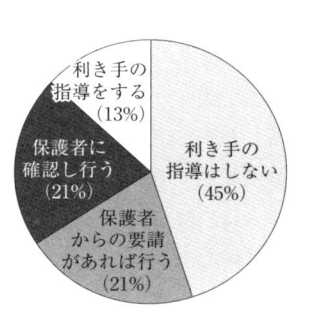

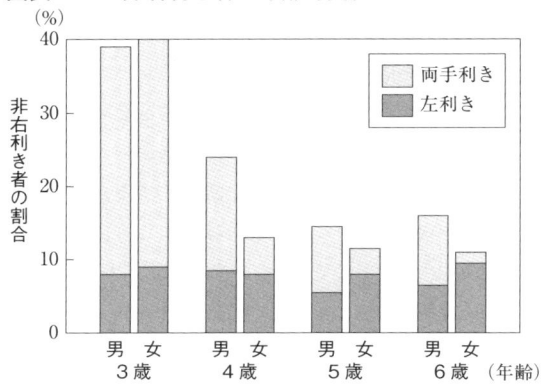

（両手利き／左利き、男女別・3～6歳）

し利き手の指導をするとの回答が21%、利き手の指導をするとの回答が13%であり、あわせて34%は基本的に右利きへの指導を行うとしている。ただし、これらの園では、利き手の指導の際、子どもの気持ちへの配慮に関する事柄が記載されていた。

年齢により異なる指導を行うという一幼稚園があり、年少児では、入園前に調査をして、保護者から利き手の指導の要望があれば行うが、年中児では完全な左利きは右利きへの指導はしない、また年長児では特に指導はしないとの回答があった。McManusら[7]によれば、子どもたちの利き手の左右を正確に評定することができる適切な年齢はおよそ3歳であるとされているので、年長児での左利きは強い左利きの可能性が高いことを配慮した利き手の指導ではないかと思われる。

筆者が1987年に行った、岐阜市内の3～6歳児507名を対象とした利き手の研究[8]によれば、図表2-3に示すように、Sakano[9]の利き手の分類に基づく左利きの割合は3～6歳の年齢を通してほとんど変化がなく、両手利きの割合が年齢とともに減少していることが認められた。

特に女児は4歳の時点で急激に両手利きが減少していた。男児も年齢とともに徐々に両手利きが減少しているが、6歳の時点でも女児に比べ両手利きの割合は高い。このような結果は、右利きへの意識的な指導がなされたことが考えられる。

養育者の報告から、右利きへの指導は、女児が男児に比べ指導を多く受けていたこと、利き手別では、両手利きで指導の割合が高いことが認められた。指導の方法については、調査時の利き手が右利きになっていた者に対しては、それまでに強制的な指導の側面がみられたが、非右利きの者に対しては、それまで叱ることなく、

子どもへの配慮のある指導がとられていた。

　調査の時点で既に右利きになっていた者では、左手使用の場合持ちかえさせる、右手で取りやすいようにする、ことばかけによる、という3つの方法がほぼ同じ割合（順に32.1%、31.9%、30.7%）で多くとられていた。続いて、食事の際に子どもの横あるいは背後から箸の持ちかたを手本を示しながら指導する（25.8%）、左手使用の場合手をたたく（4.8%）、という方法で、他に、袖を長く伸ばし左手を隠し使用しにくくする、衣服の脱ぎ着を必ず右から行う、子どもを抱く際右手に触れ刺激する、といった方法も報告されている。それに対し、調査時点で両手利きと左利き（非右利き）の場合、ことばかけでの指導が最も多く（61.3%）、右手で取りやすいようにする（26.9%）、左手使用の場合持ちかえさせる（22.6%）、食事の際子どもの横あるいは背後から手本を示す（18.3%）、という方法が続く（同じ養育者が複数の指導方法を回答している場合があり、総計が100%を超える）。

　ことばかけにも、右利きと非右利きで顕著な差がみられ、調査時点で既に右利きになっていた者では、「右手で持ちなさい」「反対よ」というような強制的な指導の側面がみられる。一方、非右利きでは、「こちらの手にしようかな」「右手でも上手にできるよ」「右手でやってみてごらん」と叱ることなく、子どもへの配慮のある指導がとられていた。厳しい指導の下で、多くの非右利き者（特に両手利き）が右利きとなったことが推測される。また、親自身は右利きへの指導は必要なしとしていても、保育所や幼稚園で、あるいは祖父母によって指導されるとの報告もみられた。親が利き手を指導する必要はないという意見でも、将来困るのは子ども自身であるから、子どものために利き手の指導をしなければならないとの考え方である。この調査から20年経過した今回の2007年の調査では、前述したように、利き手の指導をする場合、どの園も子どもの気持ちに配慮しながら指導するとの回答であった。

　強制的に利き手を変更することによる脳機能への影響についてはどうであろうか。中田[10]はfMRI（functional magnetic resonance imaging）の技法を用いて、矯正を強要された左利きの人と強要されなかった人では、左手を使用する時の脳の働きが異なることを明らかにしている。強要されなかった人は右半球が活性化しているが、強要された人は右半球のみでなく左半球も同時に機能している。中田は、脳から見れば左利きは左利きであり、左手を使用するはずのときに右手ばかり使用することは、左手が麻痺していると解釈されてしまい、左利きとして生まれてきた人が右利きとなることを強要された場合、あたかも左手が麻痺しているかのように脳

が訓練されると述べている。

利き手を変更したことが器用さにどのような影響があるのか、大学生を対象としたHoosain[11]の研究では、利き手の変更によって器用さは左右どちらも十分に発達しなくなる可能性が示唆されている。即ち、タッピングを20秒間、利き手と非利き手5試行ずつ行った結果、右利き群の平均は右手132回、左手117回となり右手優位、左利き群は右手115回、左手130回となり左手優位、利き手変更群は右手118回、左手117回で左右差がみられないという結果となった。ここで重要なことは、利き手変更群は左右差がみられなかっただけでなく、右利き群と左利き群の非利き手の成績に近いことである。

利き手の変更を強要した場合、優位であるはずの左手が麻痺しているかのように脳が訓練され、非利き手で補われても、非利き手はあくまでも非利き手で、優位な側がない、個人の特徴を出せないということになる。さらに、別の手を使用するように頻繁に指導を受けることは、何かをやろうとした際、能動的な活動も十分に行えなくなることや劣等感を持ちやすくなることが考えられる。特に、強い左利きに対する右利きへの強制的な利き手の指導は避けたい。左利き用の道具や設備の充実や、周りの偏見をなくし、個性を尊重して個人の能力を十分に生かせるようにすることが重要であろう。

次に、脳科学研究の報告を参考に、前頭前野の機能を発達させる保育カリキュラムについて考えたい。

Ⅲ　脳科学研究から考える保育カリキュラム

前頭前野は、不適切な行動の抑制、記憶や感情の制御、創造、意志決定、意欲、集中力、他者想像性に関わっており、脳の中でも最も高度な精神活動をつかさどっていて、他の動物に比べよく発達しているため、人間を人間たらしめる場所ともいわれている。

どのような行為を行っているときに前頭前野を活性化することができるのか光トポグラフィーを用いて検証した報告[12]によると、編み物、裁縫、包丁での皮むき（ピーラーでは前頭前野は活性化されない）、料理を作ること、折り紙を折ること、ハサミで紙を切り抜くことで、前頭前野の活性化がみられている。特に料理は、メニューを考える、下ごしらえをする、炒める、盛り付ける、いずれの場面でも左右

第2章　なぜ、子どもには体験が必要か

の前頭前野が活性化していた。また、考えながらの描画や書字、1人でアカペラで歌うとき、楽器の演奏をしているとき（特に新しい楽曲に挑戦しているときに活性化が顕著で、弾きなれた曲の演奏では右脳の前頭前野のみ活性化の傾向）も前頭前野の活性化がみられたが、音楽を聴くことは前頭前野の活性度を下げていた。多くの楽器で検討した中で、演奏時唯一前頭前野の活性化をともなわなかったのは、カスタネットであったことは興味深い。指先の動きが関係しているのではないかと解釈されている。音読や単純計算以外では、主として何かを創りだすことを目的にすること、手指を使うことが前頭前野の活性化につながるのではないかと考えられる。また篠原ら[13]は、前頭葉血流動態を光トポグラフィーを用いて検討し、組立て遊具で遊ぶ際に前頭前野で活動が高まることを報告している。組立て遊具では、最終形や次の形、手順を想像しつつ順次組立て作業を実行していくので、「想像・創造性」が特性であろうと述べている。木工作、積み木遊び、レゴ、パズルなどがあてはまるであろう。さらに、彼らはアイボと遊ぶ際にも前頭前野が活性化することから、他者の心の想像「他者想像性」に関わりうる可能性を報告している。そして、前頭前野は運動関連領野とも神経線維連絡を持っていることから、運動との関係においても非常に重要な部位であり、運動によって脳血流を増大させる可能性も報告されている[14]。リズムアクション系ゲームで前頭前野の活性化が認められていることから[15]、ダンスはもちろんであるが、ボール遊び（キャッチボール、卓球、お手玉など）も時間的・空間的に適切な行動のプログラミングが必要とされ効果的であろう。また前述したように、自然の中での群れ遊びは、身体活動量、コミュニケーション量増加の点からも前頭前野活性化に効果があると思われる。

　以上のような活動が、脳科学研究により前頭前野の活性化に関わる活動として認められているが、絵本や、観劇も、ストーリーの中に入り込んで登場人物の気持ちを考えてみたり、ストーリーの続きを考えるよう促すことで、「想像・創造性」「他者想像性」に関係して前頭前野の活性化につながるであろう。

　このようなことから、名古屋市名東区近郊の幼稚園・保育園より回答をいただいた図表2-1に示したカリキュラムは、前頭前野の発達を促すために適切なカリキュラムであると思われる。特に、大型木材工作の共同制作、包丁を使用した料理作り、針と糸を使用したティッシュケース作りは、非常に高度なもので、指導も容易ではないが、前頭前野の機能の発達を促すには非常に効果的であると思われる。

　基礎形成の時期で、脳の急激な発達のみられる乳幼児期に、脳の発達をふまえた

教育は重要であると思われる。子どもたちそれぞれの能力を十分に引き出せるように、また考えながら手指を使用して仲間と協力し合い、ものを創りだす喜びを子どもたちに体得してほしいと思う。また足を使うことによって脳の活動レベルを上げることも重要である。「自然体験」や「ものづくり体験」などの機会が増えるように、保育関係者だけでなく、地域が一体となった取り組みが広がっていくことを願っている。

【引用・参考文献】
(1) 須藤敏昭・森下一期「現代社会の中で子どもの「手」をどう育てるか」『子どもの「手」を育てる』ミネルヴァ書房、2007年、1ページ。
(2) 前掲書 (1)、1ページ。
(3) 寺沢宏次・西條修光・柳沢秋孝・篠原菊紀・根本賢一・正木健雄「go/no-go実験による日本の子どもの大脳活動の変化について──日本の69'、79'、98'、中国の84'との調査結果と比較して」『文理シナジー』第5巻第1号、2000年、14〜27ページ。
(4) 篠原菊紀・平野吉直・柳沢秋孝・田中好文・根本賢一・寺沢宏次・西條修光・正木健雄「身体活動とコミュニケーションを重視したキャンプ活動が子どもの前頭葉機能に与える影響と教育的提案の位置」『文理シナジー』第6巻第1号、2001年、22〜29ページ。
(5) 川島隆太『天才の創りかた』講談社インターナショナル、2004年、138〜139ページ。
(6) 前掲書 (1)、6ページ。
(7) McManus, I. C., Sik, G., Cole, D. R., Mellon, A. F., Wong, J., and J. Kloss, 1988, "The development of handedness in children", *British Journal of Developmental Psychology*, Vol. 6, pp.257-273.
(8) 橘 廣「乳幼児期の手指の活動について──大脳半球優位性を中心に」*Coder News Letter*, Vol.13, 1989, pp.6-9.
(9) Sakano, N., 1982, *Latent left-handedness: Its relation to hemispheric and psychological functions*, Jena: VEB Gustav-Fisher Verlag Jena.
(10) 中田 力『脳の方程式 いち・たす・いち』紀伊國屋書店、2001年、9ページ。
(11) Hoosain, R., 1990, "Left handedness and handedness switch amongst the Chinese", *Cortex*, Vol. 26, pp.451-454.
(12) 前掲書 (5)、132〜139ページ。
(13) 篠原菊紀・田中好文・斉藤 隆・柳沢秋孝・寺沢宏次「各種遊びの前頭葉活動──TVゲーム、組立て遊具、アイボの特性」『文理シナジー』第8巻、2004年、73〜80ページ。
(14) 加藤守匡・征矢英昭「運動時の前頭葉皮質における血流変化からみた脳の賦活」『体育の科学』第52巻第12号、2002年、956〜959ページ。
(15) 前掲書 (5)、182ページ。

第3章　なぜ今"ふれあう"ことが大切か

古市 久子

　対人関係の見直しがなぜ今必要かについて、2006年に『現代のエスプリ』が「対人関係の再発見」の特集を組む[1]など、現在、人間関係や対人関係という言葉で多くの知見が語られているが、本章では人ともっと初歩的で基本的な"ふれあう"という視点で子どもと人的環境の関係を見直してみたい。子どもにとって一般的な人間関係ということではなく、自分と今まさしくふれあっていること、毎日繰り返されるふれあいの蓄積こそが、子どもの人間関係力を作っていくという見解を大切にしたいからである。

　就学前の子どものふれあいは、大きく分けてこの世で生を受けてからの家庭でのふれあい、保育園や幼稚園のような集団でのふれあいを考えることができる。保育園や幼稚園のような施設についてのものは、多くの書きものにとりあげられているので、ここでは主に子育て中の保護者の悩みや、実際に幼少期に起こったことを記憶している人々の記述を中心に家庭でのふれあいを、名東区近郊の保育園・幼稚園のアンケートを通して集団のふれあいについて考えてみたい。

I　現代の親の悩みからみた子どもとの"ふれあい"

　2007年に大阪市のこども青少年局が行った「就学前児童の保護者へのアンケート調査」の結果から子どものふれあいを見る。いままで家庭の中に調査が入り込みにくかった事情から、子育て中の保護者のデータは興味ある資料になると考えたからである。この調査は就学前の3,000人を対象に行われた。その中の自由記述、「普段、お子さんとの生活で、困っていること、悩んでいることは何ですか」という質問について書かれた1,132例をカテゴリ分析した。その中で、ふれあいについて書かれているものは657例であった。

　3～6歳児まで、どの年齢の親も4割が人間関係（ふれあい）の心配をしているが、1歳児という早い段階から20％強の親がふれあいで悩んでいるのは、子どもについ

図表 3-1　人間関係について親の悩み

親・子ども		内容	項目別計
子どものこと 406 例	困った行動 130 例	言うことを聞かない	38
		たたくなど乱暴する	25
		自己主張強い	23
		よその子どもの行動	11
		すぐ泣く	9
		駄々っ子・ぐずる	8
		すぐ怒る	7
		赤ちゃん返り・甘えん坊	6
		男児なのに虫嫌・女児の格好	2
		やきもち	1
	表現 121 例	表現力の弱さ	56
		言葉使いが悪い	39
		人の話が聞けない	9
		ふざける	4
		人見知り	6
		うそ	4
		負けるのが嫌	3
	兄弟姉妹関係　101 例	きょうだい喧嘩とその扱い方	101
	友人・人間関係 54 例	友達のこと	50
		母親のみ受けつける	2
		友達との遊び方知らない	1
		思いやりの心	1
親のこと 251 例	時間 93 例	（母親）かかわる時間がない	87
		（父親）子どもと接する時間がない	6
	子どもにあたる 85 例	イラついて急かしてしまう	45
		感情的に叱ってしまう	40
	教育の仕方 73 例	接し方・叱り方知りたい	42
		教育すること	22
		遊ばせ方	9

（出所）2007 年大阪市こども青少年局調べ

ての情報を得るところがないからであろうか。結果を図表 3-1 に示す。

　親から見た子どものふれあいに関係すると思われる項目は子どものことについて 406 例、親のことについて 251 例あった。「子どものこと」についての詳細を見ると、22 の小項目が抽出された。それらは図表 3-1 に示す通りである。「子どものこと」について「子どもの困った行動」がもっとも多くて「言うことをきかない」「たたくなどの乱暴をする」「自己主張が強い」が上位を占めており、「子どもの言

うことが理解できない」ことや、「子どもに思いが伝えられない」など子どもとのコミュニケーションについて悩んでいる。ある意味では、言葉で自分を十分に表現できない子どもとの共同生活で、親子で互いに改善できる可能性をもった項目であると思われる。子どもの心を理解するすべは、発達のプロセスを知ることで緩和される。従来の子育てでは、おそらく、おじいちゃんやおばあちゃん、地域の人により「子どもってそんなもんや。そういうときはこうしたら良いよ」というアドバイスを得て解決してきたことなのであろう。次には、「よその子どもの行動」は「他人の子どもの目に余る行動を注意することに躊躇している」ものや、他人の子どもを非難することが含まれている。おそらくその場で子どもに注意や指導ができていたならばこのアンケートには記述されなかった項目であろう。つまり、地域の目が希薄になったことを示すデータといえる。次に続く「すぐ泣く」「すぐ怒る」「ぐずる」「赤ちゃん返り」などもおとなにある程度の知恵と知識があればうまく対処できる、もしくは子どもや保護者の気持ちを和らげることができると考えられる。

　「子どもの困った行動」と同じくらい多い項目である親の悩みは「子どもの表現」に関するものである。もっとも多いのが「表現力の弱さ」で、「ありがとう・ごめんなさいがなかなか言えない」「言いたいことが表現できない」などである。国際的な行き来がますます増えていく将来に向かって、表現は重要な育ちであると考えているようである。一方、「言葉使いの悪さ」を嘆く親も多い。これは家庭の問題というよりも、「保育園・幼稚園に行くようになってから悪くなった」という記述から、社会への対応を求める気持ちが伝わってくる。3番目に「人の話が聞けない」ことを悩んでいる。このことは、今回特に注目したい点である。人の話を聞く行為は、誰にでもできることであるが、どの人にとってもむつかしいことであることを認識する必要がある。しかし、聞くことこそ、表現するための第一歩である。真に子どもの話を聞いてきたか、思い返してほしい。親は知らず知らずの内に饒舌になっている。しかも、子どもの将来を立派にしたいという価値観をその底辺にたたえながら、子どもの話を聞くというより、親としての何らかのメッセージを送り続けている。もちろん、親の期待感を子どもに託すことは決してマイナスではないと思うが、子どもの話に心底耳を傾ける体験をどれほどもったか振り返ってほしい。

　「子どもの困った行動」の中でもっとも多いのが、「兄弟姉妹関係」についてである。そのほとんどがきょうだいげんかの激しさに手を焼いている。また、親がきょうだいと平等に接したいが、いろいろな事情でそれが果たせない悩みもある。しか

写真3-1　親子で靴を洗う

　し、家庭にあっては、人間関係を学べるもっともよい環境であることを認識して、この貴重な体験を大事にしてほしい。親の軍配がどちらを向いているか、子どもはそれによって愛情を測っている。人としての平等さ、正義を大切にする親の態度が必要かと思われる。同じ年齢、近い年齢の子どもが自宅周辺に少ないために、子どもの友人関係について悩む親が多いこともここに付け加えておく。

　子どものことだけでなく、親の側の悩みも大きい。毎日接する親とのふれあいが子どものこれからの対人関係の基礎を作っていくことを思うと、親の接し方は気になるところである。もっとも多いのは、母親が「子どもとかかわる時間がないほど忙しい」と悩んでいることである。忙しさは育児の親子関係で多くのものを奪ってしまう犯人のようであるが、時間の長さではないと筆者は考えるのだが、忙しさの多くは家事の大変さを嘆く。「育児と家事の両立を悩む」という一文をみつけたときは、ここまできたかという衝撃であった。家事と育児を別のベクトルで見ることは、家庭という営みをどのように考えているのだろうか。以前に、「子どもと多くふれあいたいと思うから、夕食をコンビニで買ってきて空いた料理の時間を子どもとのふれあいに当てている」という母親の自信に満ちた言葉を思い出す。対話は確かに大切である。しかし、それは対話のための対話ではなく、あらゆる生活を通して行われる行動とセットになった表現形態である。写真3-1は子どもの靴を洗う親子の姿である。ここでは言葉や行為のやりとりがおこなわれているだろう。行為を

第3章 なぜ今"ふれあう"ことが大切か

図表 3-2 親子のふれあいに関する親の悩み

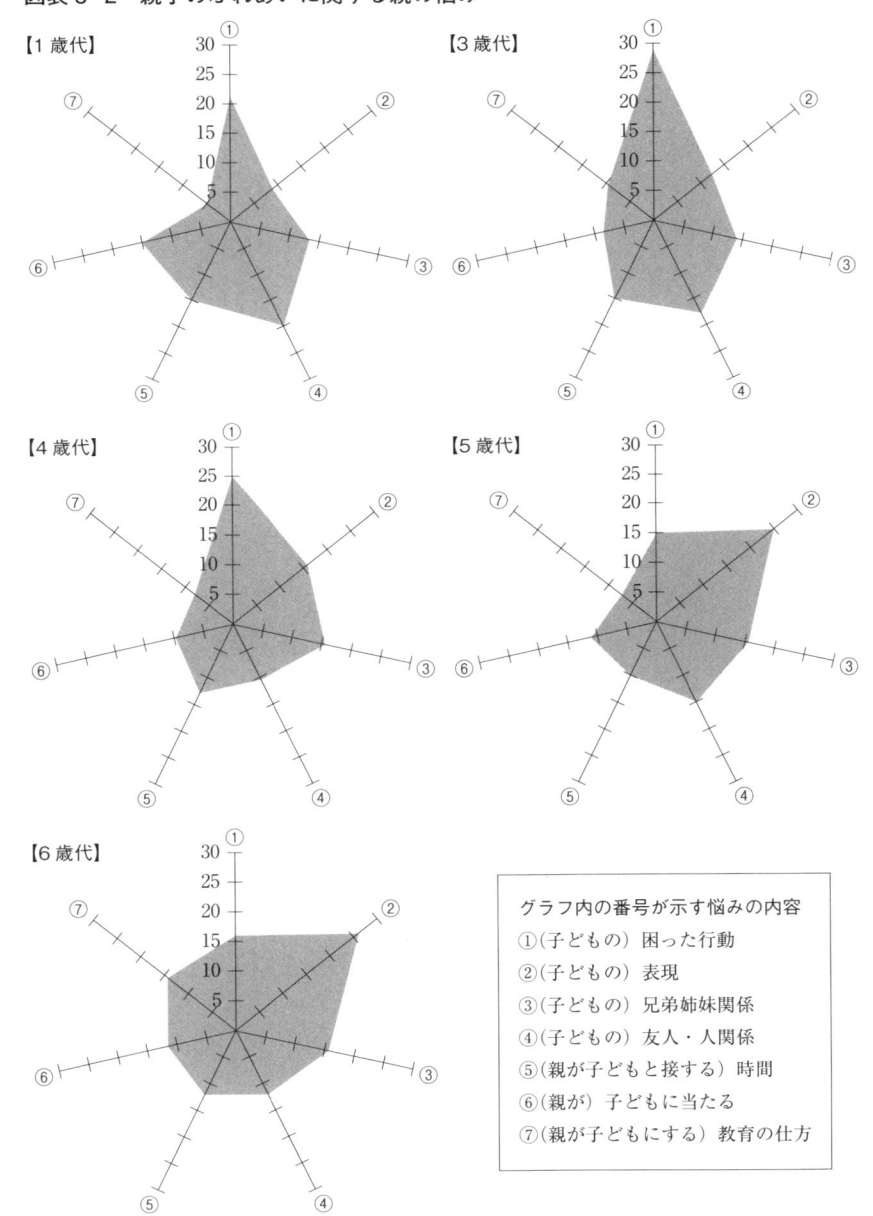

【1歳代】

【3歳代】

【4歳代】

【5歳代】

【6歳代】

グラフ内の番号が示す悩みの内容
① (子どもの) 困った行動
② (子どもの) 表現
③ (子どもの) 兄弟姉妹関係
④ (子どもの) 友人・人関係
⑤ (親が子どもと接する) 時間
⑥ (親が) 子どもに当たる
⑦ (親が子どもにする) 教育の仕方

通して行われる言葉のやりとりこそ、生きた対話であり、子どもの細胞に刻み込まれていく対話なのである。母親の"忙しい"意識はそのまま、「ついイライラして子どもに当たってしまう」「感情的に叱ってしまう」ことにつながる。

親子のふれあいに関する親の悩みは図表3-2に示すようにあらゆるところにある。しかし、年齢別にみてみると実に興味あることがわかる。一番親が悩んでいることについて、1・3・4歳児は「困った行動」が多かったが、4・5歳児には「子どもの表現」が上回ってくる。これは自分の子どもというものに注意が集中していた親が、子どものことから子どもがよりよく生きるために必要なことに目を向け始める、いわば、子どもを通しての社会化なのかもしれない。こうして、親子二人三脚の心的社会化をしつつ、6歳になると、いろんなところに目配りするバランスの取れた悩みのチャート図を描くことができる。しかし、表現のところが突出しているのが現代的な特徴であるといえる。

各年齢の親の悩みの詳細を多い順に見ることで、もう少し詳しくふれあいを考えてみたい。1歳を除く全年齢で1位が「きょうだい喧嘩とその扱い方」である。きょうだいは人間関係を学ぶもっとも手っ取り早い条件である。きょうだい喧嘩はいわば子育ちの良い条件を備えた環境であるのに、親の悩みの種となっており、きょうだいのどちらに味方をして良いかわからず、戸惑っている様子が見られる。「母親がかかわる時間がない」のはどの年齢も1位から3位にあり、子どもとかかわる時間のないことに悩んでいる。確かに子育てのときに、仕事が次々とあり、時間に追われる。それは、多人数で暮らすわずらわしさを捨てた選択の結果であるが、大家族で誰かが子どもを見てくれた時代の家事は現在の比ではない。われわれは何に時間を奪われてしまったのか、これを機会に考える必要があろう。

年齢に特徴的なことを見ると1歳児では子どもが「たたくなど乱暴する」ことに悩んでいる。赤ちゃんは言葉を話せないことで、親がなかなか理解してくれないことの集積が、子どもの乱暴な行為になって出てきているように思われる。リンダ・アクレドロとスーザン・グッドウィン著の『ベビーサイン』という本がベストセラーになったのは、赤ちゃんとの心を知りたい保護者が多いことを示したのかもしれない。3歳児の特徴は「ことばによる表現力の少なさ」で、「イヤイヤの多い時期でママ怒ってばっかりといわれている」「幼稚園での集団生活で、自分の要求がうまく通らないと手が出て、お友達をたたいたり押したりしてしまう。その後言い聞かせると、自分が悪かったと反省できるのだが、また、次に同じことをする」な

第3章　なぜ今"ふれあう"ことが大切か　　　35

どの悩みがあり、将来キレる子になるのではと心配している。4・5歳児の子どもは言葉使いの悪さをはじめ、対話について悩んでいる。「段々言葉が汚くなってきた。屁理屈をすぐ言う」「親の言うことを聞かない。注意されても知らん振りで、毎度繰り返すので、毎日叱っている」など、保護者の言うことを聞かない子どもに悩んでいる。6歳児の子どもの特徴は「表現力の弱さ」で、3歳児とは違って、自分の意思を言葉で伝えるような表現力が足りないというものである。

　印象に残ったものに「このアンケートを書きながら、子どもたちとの生活を楽しんでいないことに気がつきました」と書かれていたことである。一生懸命な保護者の姿勢について胸を打たれた一文であった。核家族の気楽さと引き換えに、子育ての知恵をもらえないのみならず、時間的な余裕がなく、子育ての喜びまで片隅に押しやられてしまったようである。

II　幼児期の記憶から見た「ふれあい」

　古市（2002）[2]の「小学5年生～60歳までの記憶による幼児期の印象について」で、世代の違う人たちのふれあいの様子を見ることができる。大阪府教育委員会が2001年に行った調査で、府下の小学5年生・中学2年生・16～17歳・20歳・30歳・40歳・50歳・60歳代の無作為の各年代400名ずつの計3,200名に自由記述で「あなたが6歳頃までに心に残ったことがあれば、それを自由に書いて下さい」という質問を行った。

　その結果集まった620の事例の結果、どの世代にも共通するものとして、「親」「家族」「遊び」があった。世代によって違うものとして、60歳代では戦争のことが書かれているのが特長である。16～17歳はおとなに対する不信感の激しさも見られ60歳代と16～17歳の両年代においていずれもプラスあるいはマイナスのイメージで、人とのふれあいが印象に残っている様子がうかがえた。全般的に、世代が高くなるほど、人とのふれあいに関する記憶が多くて、ストーリーとして鮮明に残っていることである。また60歳代で物資の不足していた中にも感謝の気持ちが書かれているのに比して、若くなるほど、単調で「旅行に行きました」という物的体験の珍しさが目立ち、人間関係の希薄さがみられた。

　アルフレッド・アドラーは『子どものおいたちと心のなりたち』で「幼児期の思い出を尋ねることは、生のスタイルを捉えるために、多分最も重要な方法であると

考えられる。子ども時代の思い出をたどることによって、他のどんな方法によるよりもあきらかに、生のスタイルの中核となっている原型がうかびあがってくるのである。成人であれ子どもであれ、人の生のスタイルをみつけだそうとするならば、幼児期の思い出について尋ねるべきであろう」[3]と考えた。それは、人間のふれあいにおいてより顕著であることは、この調査からよくわかる。

　どの世代も「親」とのふれあいについて書かれたものが最も多く、16〜17歳代の女性は、「この頃は家族5人全員で外出することが多く、出かけることよりも、一家全員で楽しく話などができていたそのことのほうが何倍も楽しく記憶の中に残っています。まだ、家族がバラバラにならず、その時の楽しい記憶が今はなくて、とても悲しくてさびしい」と書いている。この調査は当時17歳の若者がよく事件を起こし、この17歳問題の原因をさぐるためのものであったが、家族のつながりを渇望している様子がうかがえる。またこの年齢は親の離婚や身勝手さに腹を立てて「子どもはロボットじゃない」と叫んでいる記述が印象に残っている。

　60歳代で最も記述の多いのが戦争のことであるが、戦争にまつわる事がらのみならず、そこに多くの人々とふれあった記憶が鮮明に記述されていた。焼夷弾が当たって4日も病院へ行けなかった兄を荷車で運んでくれた近所のおじさんのこと、その兄が亡くなった病院での人々の様子等である。きょうだい仲良く遊んだことや両親のことについても詳細に書かれていて、親が一生懸命働く姿に感動したことなど、貧しくても感謝の気持ちにあふれている。50歳代では川やたんぼで思う存分遊び回った様子や大家族で人間関係が複雑であったことが、ある出来事を通して書かれている。40歳代では朝から晩まで仲間で遊んだこと、30歳代では親から聞いた説教めいた話の内容などが書かれている。20歳代では、母のストレスでおしつぶされそうだったことが、食事時の口うるさい母親の行動を通して語られている。

　「家族で旅行」が上位にくるのはこの年代より若い世代全部である。小学校5年では家族で旅行が1位で、行く先が非常に多様化している。近くの公園やテーマパークの他に、ディズニーランドや外国ではハワイ・アメリカが多かったが、人とのふれあいについての記述が極端に減少している。

　中学2年生では自分のからだのこと、とくにケガをしたことが多く記憶されており、1位になっている。若い世代は自分のからだのケガについてであり、嫌なことばかりを初期の記憶としてとどめてしまうことについては遺伝的なプログラムであるという（正高）[4]。これとは反対に、発達を促進した生きるための快の感情とし

て記憶を支えるものとして、「遊び」をあげることができる（古市）[2]。遊びの場所や仲間、遊びの内容等を含む記憶が具体的に多くの人の印象に残っていることは生物学的に意味があるのではないかと考えられる。幼児期の遊びは、子どもの生活そのものであり、それを全身の体験として記憶に留めていくことにより、より良い生活、つまり、豊かな自分の活路を見出すための知恵なのではないだろうか。生命の維持と豊かな生涯の活路、この2つがふれあうことを通して身についていくとしたら、生きる基準としてふれあうたびに記憶されファイルされていくとしたならばふれあうことの関係を今一度洗いなおす必要がある。"ふれあい"という言葉の軟弱さ、形のない価値に対して、われわれは"ふれあいを意識する"という方法を用いてそれをカバーできるのではないか。

Ⅲ　集団生活に入ってからのふれあい

　名古屋市名東区近郊の保育園・幼稚園で、2007年10月～11月に行ったアンケート調査（Ⅰに述べた調査）の「就学前に人間関係で身につけることは何だと思いますか」という質問に先生が答えた結果を図表3-3に示す。保育所・幼稚園の人間関係に関する課題は年齢によって変わる。年少・年中児でもっとも多いのは表現力であるが、年長児になると人間関係がもっとも多くなる。集団生活を始める3歳児ころから、他の子どもと一緒に暮らすためには、表現力が必要であることが良くわかる。保育園・幼稚園は集団のふれあいの基礎を学ぶ出発である。

　家庭と違うところは同年齢の子どもの中で子ども自身がふれあいにより変化し、他児もまた変化し、仲間関係の構造で個人が変わる。また、個人の変容により、仲間関係の構造が変わる。関（1955）[5]は幼稚園における幼児のふれあいには発見、接近、参入、仲間遊びという段階があることを観察した。幼稚園で幼児にとって友達と触れ合い表現し合うことは、ポジティブな面だけでなく、いざこざなどのネガティブな面を含んでこそ価値があると思われるが、現在は諸要因によりネガティブな面が極端に制限され、バランスの悪い保育現場になっているのではないか（高濱他1955）[6]という。

集団でのふれあいの始まり

　入園当初、子どもたちが同じ場所にいるからといってすぐ、ふれあいが起こるわ

図表3-3　就学前に身につけたい人間関係（年少児）

	内容	年少	年中	年長	計
表現力 50例	意思を自ら表現する。「入れて」といえる子。言葉で伝える。生活に必要な言葉を覚えて使う。「ごめんなさい」「ありがとう」が言える。・集団で自分を表現できる	14	14	8	36
	あいさつができる	4	2	1	7
	人の話が聞ける	3			3
	集団生活を学ぶ	2			2
	名前を呼ばれたら「はい」と大きな声で返事・聞かれたことにちゃんと答える	1		1	2
友達関係 61例	相手の気持ちがわかる・思いやりの心	7	17	5	29
	協調性がある・協力できる	3		9	12
	友達とのかかわりを知る・他者の存在を知る・友達と一緒が楽しいと感じる・友達と遊べる	8	8	4	20
生活習慣 29例	生活習慣の基礎	5	3	3	11
	用意や片づけができる		2		2
	箸の使い方・鉛筆の持ち方・靴の履き替えなど	3	3	3	9
	食事のマナー		1		1
	排泄の自立	1	1		2
	並ぶこと	1			1
	ごみの分別	1	2		3
おとなとの関係 9例	教師・おとなとの信頼関係・おとなに相談できる	3	4	2	9
その他 7例	自分の気持ちがわかる・自尊感情	1		1	2
	判断できる力・自制心・ルールを身につける		1	3	4
	まず、愛着経験があることが大切	1			1

（出所）2007年大阪市こども青少年局調べ

けではない。そこには、子どもと子どもをつなぐコーディネーターとしての先生がいる。先生のリードにより、発見し、接近がはじまると、ぶつかり合う。最初は家庭で用いてきた方略であるかもしれない。しかし、それではうまくいかないことがわかる。友人とのつながりを作ってくれるだけでなく、トラブルの解決方法を教えてくれる人が先生である。そのことがストレスの解消になるとわかり、感覚・知覚と共に子どもの対人関係ファイルは増えていく。ふれあいをさらに深めていくためには、そこでおきた出来事を消化し、相手にそのことを伝える必要がある。それは「ごめんなさい」「ありがとう」「入れて」「止めて」という魔法のようなことばの威力に気付くことである。名古屋市の調査においても、入園当初の最も多い課題がこのことである。4歳児代で、最も多いのが自分の思いをはっきり伝えることが課題

第3章　なぜ今"ふれあう"ことが大切か

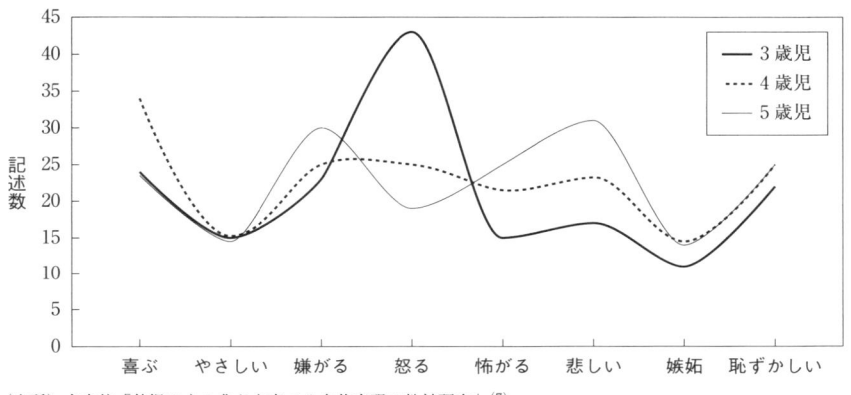

図表 3-4　幼稚園・保育所で見られた感情の種類

縦軸：記述数（0〜45）
横軸：喜ぶ　やさしい　嫌がる　怒る　怖がる　悲しい　嫉妬　恥ずかしい
凡例：3歳児／4歳児／5歳児

（出所）古市他「幼児の心の豊かさを育てる身体表現の教材研究」(7)

であるという。表現し友達の意見を聞き、一回一回他人との距離を測り、ファイルに綴じ込んでいくという効率の良くない方法で、しかし、ちょっとやそっとでは壊れないほどの強力さをもって自分のファイルにしまいこんでいく。これは子ども自身が自発的に行わないとファイルは増えない。

遊ぶことがふれあいの深まり

　幼児の遊び環境は非常に貧弱になってきている。これを保障できる環境は保育園・幼稚園のような施設になってしまった。子どもは遊ぶ存在であり、遊びを通して学ぶもの、遊びを発信するもので、遊びから目覚め遊びで就寝する存在である。したがって遊びの重要性を説く必要性もないほど、遊びであふれかえっているのが子どもの特性であった。現在遊びまで管理され、本来遊びであったものが遊びでなくなってきているところが問題なのである。遊びの場は真剣勝負である。感情がむき出しでぶつかっていく。図表3-4は園生活で見られる感情場面数である。集団生活での効果が最もよく観察されるのは「怒る」ことである。「怒る」場面は、3歳児に多くみられるが、4歳には減少し、5歳になるとさらに減少し、人間関係を円滑にする方略が育っていることがわかる。ふれあうことで、いざこざの数は減りその対処の仕方も学習することは知られている。喜びの感情はどの年齢にも多く見られる。優しさ・嫉妬心や恥ずかしい感情はどの年齢も同じような割合で見られるが、悲しい感情は年齢が高くなるほど多くなり、感情の表現が豊かになっていくの

がわかる。一緒にふれあうことは心の発達や感情の発露にも大きくかかわっている。

ふれあいはルールを守る

　ふれあうことでのトラブルは、ふれあうことに必要な言葉だけでなく、ルールを守る態度を育てる。ルールは遊びを楽しくするためにも必要である。このことが人間関係を円滑にしていく。名古屋市の調査では年長児の課題は人間関係であるという。人の気持ちを思いやったり、友達と一緒に活動できる、共感できるなどの力は人がふれあってはじめて発揮できるものであり、存在するものである。それはルールが周知されるにしたがって円滑になっていく。

Ⅳ　ふれあいの場の創出に関する課題

ふれあうこと自体の快さ

　ふれあうことは人本来の所属欲求のひとつである。ふれあっている瞬間の楽しさ・快さ・うれしさは何にも変えがたい生命の躍動感を感じるときである。もっとも辛いことは人から相手にされないことであろう。これはその場に居ながら心がふれあえないときは、よけい苦しいものがある。そして、ふれあうこと事態の喜びは瞬間の喜びのみならず、子どもにとっては次に起きる学び全体に続く大切なものである。それは必ずしも、言葉を交わすことだけではない。笑顔で笑いあうことも多くのふれあいである。あいさつは気軽にできるふれあいの瞬間である。

子どもの動線を長くとること

　ふれあいの場の創出は結局、子どもの動線を長くして、そこに起きることに数多く参加させることである。体験を豊かにというのはこのことをさす。そして、そこで起きるストーリーにじっくり付き合わせることであろう。インターネットや本ですぐに情報を断片的に得る時代にあって、ふれあいまで断片的になっているのではないか。保育を丁寧に、子育てを丁寧に、ちょっとだけ丁寧にすることだけでよい。子どもの心はジグソーパズルをはめ込んででき上がる絵ではなくて、お話を展開していく絵本の世界なのである。ほんの些細な体験を1ページずつめくって、自分のからだで確かめていくプロセスなのである。

ふれあいの質を深める

　ふれあいは楽しいことだけではなく、いろんな感情を体験するものである。それが立体的に多くの情報で支えられているほど、育ちを確かなものにしていく。人が介在し、子どもの感情とセットで体験していくこと、それがふれあいの質を高める。要するに、自分で考え自分で決断し、相談したり、自分で成功や失敗を乗り越えることが必要である。

おとなの役目

　ところで、園で幼児の対人関係に大きな位置を占める保育者と幼児の関係はどのようになっているのであろうか。斉藤（2000）[8]は「幼児の主体性や自発性に基づいて行われ、その善さをそのまま伸ばしていこうという"合自然的"な側面と、教育とは文化や社会の持つ枠組みの中に幼児を組み込んでいく過程であるという考え方に表されるような"合文化的"側面の二つの相反するような側面をもち、この二つは互いにバランスをとりながら、保育全体の段階の中に適切に導入していくことが必要である」という。吉村他（2000）[9]は「保育における人間関係の創出は、おとなである保育者が"管理統制する構図"あるいは、人間関係を他者への"適応"とするよりも、相互主体的に"創出"するものと考えるほうが妥当だ」という。そう考えるとふれあいの場、つまり、人間関係創出の上手な保育者の存在は、保育者の資質の1つと考えることができる。

V　なぜ今、ふれあいが必要か

　集団生活でのふれあいは、施設においては保育所保育指針と幼稚園教育要領が基本になっているが、2008（平成20）年度の改定で、特に人間関係は手厚くなった。「幼児が互いにかかわりを深め、共同して遊ぶようにするためには、自ら行動する力を育てるようにするとともに、他の幼児と試行錯誤しながら活動を展開する楽しさや共通の目的が実現する喜びを味わうことができるようにすること」と「集団生活を通して、幼児が人と係わり合いを深め、規範意識の芽生えを培うことを考慮し、幼児が教師との信頼関係に支えられて自己を発揮する中で、互いに思いを主張し、折り合いをつける体験をし、きまりの必要性などに気付き、自分の気持ちを調整する力が育つようにすること」[10]であるが、この2つは、現在の子どもの課題、

幼稚園と家庭での生活の連続性が意識され、道徳性の育成に大きく踏み込んでいる。ここで、注目すべきことは、人との関係に「折り合いをつける」ということに注目したい。全ての点で豊かになったことは、個人が自由に生きることができ、人との折り合いをつけることが下手になってきていることと比例しているのではないか。多くの人とのふれあいではこの折り合いをつけることを学ぶことである。情報社会に慣れきったからだにとって感性は相当鈍くなっている。だからこそ、今、ふれあいの見直しが必要なのである。

　子ども社会の問題はおとなの問題でもある。堀（2006）[11]は「子どもたちだけでなくおとなたちこそ対人関係が下手でうまく人間関係が築けていないことが多い」という。手本となるべきおとなの不器用なふれあい方はそのまま子どもに伝わっているのではないか。いずれにせよ、ふれあいの必要性は現在早急の課題である。

【引用・参考文献】
(1) 畠中宗一編『対人関係の再発見』（現代のエスプリ 46）至文堂。
(2) 古市久子「小学校5年生～60歳代までの記憶による幼児期の印象について」『大阪教育大学紀要』（第Ⅳ部門 教育科学）52巻1号、2003年、33～47ページ。
(3) アルフレッド・アドラー著、岡田幸夫・郭麗月訳『子どものおいたちと心のなりたち』ミネルヴァ書房、1982年、21ページ。
(4) 正高信男『父親力』中公新書、2002年、2～14ページ。
(5) 関史子・田村玲子・梶浦由比子・沢村朱美・澤田陽子「幼児の人間関係を促す『教育（保育）内容』としての保育者のかかわりの研究」『保育学研究』第33巻1号、1995年、28ページ。
(6) 高濱裕子「幼児をめぐるおとなの役割と関係の認識──幼稚園教諭と母親の比較から」『保育学研究』第38号第1号、2000年、35ページ。
(7) 古市久子・川村晴子・増原喜代・小林光子・山根尚美「幼児の心の豊かさを育てる身体表現の教材研究」『平成10～11年度科学研究費成果報告書』2000年、9ページ。
(8) 斉藤正典「教師と幼児の関係性の中で教師の援助の変容」『保育学研究』第38号第1号、2000年、84ページ。
(9) 吉村香・田中美保子・柴崎正行「保育における人間関係創出過程」『保育学研究』第38号第1号、2000年、37ページ。
(10) 文部科学省「新教育要領」2008年。
(11) 堀智晴「保育園の対人関係」畠中宗一編『対人関係の再発見』（現代のエスプリ 46）至文堂、2006年、51ページ。

第4章　新しい児童福祉の視点
宗貞 秀紀

I　子育ての社会環境と児童福祉の歩み（概観）

　わが国の児童福祉行政は諸外国と同様に、その時代の統治体制や政治、経済、社会・文化、宗教等の社会環境によって変化していることを歴史的考察によって理解することができる。「子ども」は、人間社会にあって最も弱い立場にあることを認識し、子どもの「最大の幸福」について追求することが求められる。
　ここで最初に日本の児童福祉は「どのように歩んできたか」について考察したい。

1　明治維新から太平洋戦争終結の時代
　270年余も続いた徳川幕府（江戸時代）は、明治維新より世界に目を向け、海外との交流を積極的に開化する体制へと変化している。1868年を明治元年として日本は「富国強兵」政策をめざしている。明治、大正、昭和の前半はこの「富国強兵」政策の下で、「子どもは国の宝」として近代国家建設、戦争等の担い手の一員として位置づけられていた。国家を存続させるために必要な「子ども」＝「成人となれば国を背負い立つ人間」として、まさに政治的な必要性からの位置づけとも言えた。
　古くから続いていた男尊女卑により拍車をかけ、家族のあり方も、父を家長として絶対権限を与え、家族の統率者として位置づけた「家父長制度」は、やがて天皇を家父長とする皇国史観へと流れ、「赤子は天皇の子」として、特に軍事目的での子育て観が時代を風靡していた。「産めよ増やせよ」のスローガンのもと、「子ども」は、戦争遂行に必要な「宝」としての思想が強調されてきた。
　そのような位置づけの子ども観の社会の中でも、弱い子どもの救済に乗り出す宗教家、篤志家、社会事業家も生まれている。明治初期に大阪府は、棄児や行旅病

者などを保護し、子どもや成人の混合による宿所を提供するものとしての「救恤場(きゅうじゅつじょう)」を設置して救済に当たっている。また、1869（明治2）年2月には、当時日田県知事（現在の大分県・日田市）の松方正義は、孤児、貧児、病児、貧困妊婦などを収容する目的で「日田養育館」を設立している。これを発案したのは、地元大分で捨子養育事業をすすめていた諫山東作といわれる（『広瀬淡窓夜話』より）。1869（明治2）年4月に、東京府は老幼や浮浪者を救済するために「七分積金」などを利用した救育所（三田貧院）を設立し、高輪、麹町、四谷見附にも増設され、毎月3,000石ずつ支給して救済に当たっている。このような制度は、江戸時代から八十余年続いた町会所(まちかいしょ)（七分積金を利用した救済のために救育所・救い小屋等）が1872（明治5）年には廃止され、東京府が取り扱うことになって行われたもので、その七分積金も府に保管され、後の生活困窮者を含めた老若男女の混合施設である東京府立養育院設立（初代院長は澁澤栄一氏）に活用されている。

　明治期における代表的な児童保護施設としては、1887（明治20）年9月、石井十次が岡山に「孤児教育会」（後に岡山孤児院と改称）を創立している。石井は濃尾地震や東北大飢饉に際して多くの孤児を受け入れ、1906（明治39）年には1,200名を超えた収容児童（家族的保護）施設となっている。また、日本で最初の保育所と言われるものでは、1890（明治23）年に、赤沢鐘美・仲子夫妻により、新潟静修学校の保育部に付設し、託児施設として創設されている。翌年の1891（明治24）年には、石井亮一が聖三一孤女学院（後に滝乃川学園と改称）を日本初の知的障害児教育施設として設立している。

　1899（明治32）年6月には、幼稚園保育及び設備規程が制定され、翌年の1月には野口幽香・森島峰により、双葉幼稚園（四谷・後の二葉保育園）が設立されている。

　このように戦前には、戦争、災害、飢饉による孤児や障害を抱える子どもへの手を差し伸べるのは、社会事業家や篤志家といわれる人々であった。戦前に見られるように「恩恵的救貧政策」は、官民一体型といえる制度であり、先述のように家父長制度（血縁）や隣人5人組（地縁）による隣保相扶（相互扶助）の徹底による生活観と子ども観であった。

　明治時代、大正時代、昭和の戦中・戦前政府による代表的関連法の整備についてみると、1874（明治7）年に制定された恤救(じゅっきゅう)規則、1929（昭和4）年の救護法、1933（昭和8）年の児童虐待防止法及び少年救護法、1937（昭和12）年の母子保護法など

第 4 章　新しい児童福祉の視点　　　45

の法律も、それらの内容は戦災による孤児、身寄りのない子、極貧家庭の母子などを対象とした救済制度であり、限定されたものであった。

　1938（昭和13）年には、社会事業法、国家総動員法、国民健康保険法なども公布されているが、いずれも、戦争病者や傷兵、孤児、母子の保護を中心にした法律整備であった。子どもはいわゆる富国強兵政策、軍事教育からくる子どもを日本建設のために必要な「人材・道具・消耗品」的思考の位置づけといえた。

2　終戦直後からの児童福祉法等の整備

　大東亜戦争（第2次世界大戦）は1945（昭和20）年にポツダム宣言を受諾し、明治、大正、昭和にわたって繰り返し推し進めた戦争は、わが国の敗戦により終結した。

　新憲法の制定に当たっては、GHQ（米国を中心とした連合国総司令部）の指導の下でわが国の建て直しの作業が敗戦直後より始まり、日本国憲法は、1946（昭和21）年11月3日に公布され、翌年5月3日より施行されている。敗戦直後は、戦災孤児や浮浪児などが街にあふれ、未来のある子どもたちを心身ともに健やかに育成する観点から1947（昭和22）年には児童福祉法が制定された。その頃、海外からの復員や引揚者が700万人以上にも上っているが、日本の復興の第一弾の足跡といえる「第1次ベビーブーム」がこの時代であり、いわゆる「団塊の世代」（現在の60歳前後の人々）の誕生である。

　GHQの指導の下で、社会福祉三原則である①国家責任の原則、②無差別平等の原則、③必要充足の原則が示され、また、憲法11条の「基本的人権」、同第25条で「国民の生存権、国の保障義務」が明文化されたことは、今日の児童福祉、社会福祉の基盤整備に大きく影響を与えている。

　復興のさなか、1951（昭和26）年5月5日には「児童憲章」、同年3月には「社会福祉事業法」（2000年に社会福祉法と改訂）が制定された。特に児童憲章前文でうたわれている児童観と児童の幸福をはかるための12項目は、戦前のように児童をおとなや保護者、ましてや政府政策の消耗品的、私物的観念が横行した時代とはまったく異なるものであり、いつも弱い子どもの立場に最善の利益が得られる子ども観へと施策が変更されている。

　日本経済の伸展・復興の中で、母子保健法、児童手当法などの制定をはじめさまざまな整備がされている。また、国際連合総会による1924年の「児童の権利に関するジュネーブ宣言」、1959年の「児童権利宣言」、1989年の「国連の児童の権

利に関する条約」、それらを踏まえたわが国での1994（平成6）年の「児童の権利に関する条約」批准・発効などの動向と児童観の普及・啓発は、児童の利益が最大限尊重されるよう配慮することを唱えている。わが国は世界で例のない未曾有の高齢化、核家族化、都市集中型社会に入り、併せて女性の社会参加は新たな家族問題をはじめ児童の教育、養育にも大きな課題をもたらしてきた。

3　社会福祉基礎構造改革と国際化の中の児童福祉

　少子高齢社会を迎えた今日では、さまざまな子どもに係わる問題を生み出している。乳幼児・児童への虐待、子育て支援の必要性、保育所への入所待機乳幼児の増加等々である。戦後50年も続いた児童福祉法をはじめ、各関連法も要援護者や生活者の福祉ニーズに対応できないという、いわゆる制度疲労観の中で、社会福祉基礎構造改革の提言を受けて見直しがされた。高齢社会の中での介護を支援する介護保険法の制定、社会福祉事業法をはじめ児童福祉法改正などに着手し、福祉利用の措置利用時代から選択・契約時代へと大きく改正された。具体的な施策・制度としてはエンゼルプラン（1994年）、緊急保育対策等5カ年事業（1995年）、児童家庭支援センターの創設（1997年）、新エンゼルプラン（1999年）、児童虐待の防止に関する法律（2000年）、児童手当法の改正（2000年）、少子化対策プラスワン策定（2002年）、次世代育成支援対策推進法制定（2003年）、少子化社会対策基本法制定（2003年）、発達障害者支援法制定（2004年）、子ども・子育て応援プラン（2004年）等々の児童福祉に係わる法律の改正、新設が行なわれている。いずれも急激な少子化対策を基礎に支援する内容となっているものである。

　この世に生を授かった掛け替えのない乳幼児・児童をおとなや家族の私物化観の中での保護の対象者として捉えるのではなく、「一人の人間としての尊厳」を重視した思想の普及・教育の具現化が求められている。

4　子育てを孤立させない社会的包摂の必要性

　インテグレーションは統合教育として障害のある子ども達を普通学級で一緒に教育を受ける運動として発展してきたが、しかし、無理やり普通学級で一緒に教育を受けることが障害を持つ子どもにとって幸せかという疑問もあった。そこで子どもに合わせた教育をいうインクルージョン（包括）教育が生まれている。このインクルージョン教育では子どもにあわせて環境を変えることであるが、障害児も健常児

もない。さらにソーシャルインクルージョンでは、全ての人が社会から排除されることなく、どのような人からも互いに学びあい、助け合う社会を目指すことを意味している。

Ⅱ　人間社会での子どもの位置と養育史

　ここでいう「養育史」は、胎教の命、乳児、幼児、子どもの成長と発達に合わせてどのような声賭けやおんぶ、抱っこ、肩車の仕方、さらにどのような技術で接するか、養育するかというものではない。乳幼児の扱い方、接し方、声かけ等の技術も成長と発達には重要である。本項ではそこに到達するまでの史的鳥瞰探求であり、父母、家族、社会の中での子どもの「位置づけ」を主としたものであることを先に述べておきたい。

　子どもの頃は人類が約200万年前から生存していると習った。しかし、今日では人類が誕生して400万年、最近では700万年前から人類はこの地球で間借り生活していると考古学者は説いている。古い時代から男女の生活社会の中で、子どもを生み育てた営みはどのようなものだったか文献・資料から探求する。

　それこそ、子どもの生活状態や子育てが行われていたかの資料、特に文章として残されている物は皆無に近い。直接的には、「絵巻物」があり、そこに描かれている絵を見て、「百聞は一見にしかず」で伝承されている。

　いわゆる「絵引き」が作られていたので、それを基に子育てはされている。『新版絵巻物による日本常民生活絵引』である。14世紀に書かれた「一篇聖絵(いっぺんひじりえ)」には、おんぶや抱っこを描いた絵もある。12～13世紀頃の「扇面古写経」「鳥獣戯画」などの古い絵には、闘鶏を子どもが見つめる絵も描かれている。

　いずれにせよ、子育ての状態、子どもの状態を知るには絵引きが古く、文字や写真となったのは江戸末期や開国以来となる。

　人間はどこから生まれ、誰が人間を作ったのか、どのように育てるかが不明確で神秘と考えられた時代の子どもは、生活経営、家族経営の長であった「父」や「家」の私物として扱われていた。原始人間社会では自然の恵みを獲るために子どもや女性は「いけにえ」にされたことも残されている。

　ところで、生まれたての人間の赤ちゃん（乳幼児期）は他の動物と異なり、自らは成長・発達できない。そのことをさして子宮外胎児と言われるゆえんでもある。

そのような人間の育児や養育は世代、家族、母親からの伝播で今日にも至っている。

そういう子育て時代を経て、日本ではじめての育児書は1703年、香月牛山の『小児必要養育草』といわれる。子どもがどのように養育されていたか、主なものを述べてみたい。

・労働農作の一員

人間が山で鳥獣の狩生活から平野に下りて、粟、稗、麦、米を生産することにより人類は一気に人口増大が図られて今日に至っているが、約1万年前と言われている（現代では、産児制限が一部の地域に存在するが、多くは計画的出産となっている）。

食料貯蓄により生活を営むことが可能だが、それを超えての生活は無理であり、出産後は廃棄されていたのである。このような生活様式の年代は人間生活史では最も長く、自らの命の存続・生存重視が優先されて、子どもを処理、あるいは養育していたといえる。子々孫々を考える家族は、子どもを養育し、幼いころから農作業に参加させ、役割分担しながら見よう見まねで農作業に参加させていたといえる。農作業100%時代のことである。

・世継ぎの子のみ養育

鎌倉、平安、江戸時代は子孫を残すも世継ぎと決められた子だけが大切に養育され、後は、家長より殺傷されていた。農業、サムライ、宗教家といえども、子どもは産後に全員が育てられるのではなく、自分の世継ぎのみが大切に養育されている。世継ぎの子以外は、わが子としてみない。家長は容赦なく整理（他者に殺させる、薬を盛る、自ら切り裂く、切腹命令等）した。どのように処理したかに関する文献はない。

財力のある家族の子ども、世継ぎの子どもの養育（幼児期）は産みの母ではなく、乳母や養育係りに任せて育てていた。

・間引きと堕胎

現在では、優生保護法による経済的理由等を中心にした中絶が行われ、このことは世界の常識となっている。しかし、一部の宗教、一部の者により、子どもはどんなことがあっても生み育てるのが自然の道理としている社会も存在している。

古来より、堕胎や間引きは普通の暮らしとして行われていた。海外は中絶が多く、生まれてからの間引きは少ない。かってわが国は、出産後の間引きが頻繁であった。育てていけないと思うと、喉の上に足を乗せて処理していたようなことも

あったのである。原始社会から人類はこの方法で処理してきたが、「赤ん坊を殺す」という考えはない。「生まれるのを延期させるだけだ」と考えられていた[1]。

・人口増加しない江戸時代

　徳川幕府280年余の江戸時代は、海外等との極端な戦争や疫病もない世の中で、人口が増加していないのはこの「間引き」の結果であるといえる。江戸時代中期からは堕胎と間引きは急激に増えていたが、幕府の経済力を支えたのが、農作の年貢であるために、幕府や諸藩は深刻となり、間引き禁止令や養育料を与えたりしていた。時の政府は「子どもが可愛い」から禁止令を発したのではなく、年貢の農作物が目的だった。

　間引きに関しては、江戸時代中期の天文暦算学者の西川如見が『百姓囊（ひゃくしょうぶくろ）』（1721年）で記している。「山村の民で子をしばしば産む者は、始めの1人か2人育てれば、後はみな省くと言って殺すことが多い。女子はほとんど殺す習慣の村里もある」「双子を産む父母は恥でありそれを恐れて直ぐに踏み殺したり、産婆に頼んで絞め、処理した」とある。

　儒者中井竹山著『捨子教誨の謡』（1861年）では、「江戸時代後期は、武士にも広がり大体最初の子だけはよいが、二、三人は『未練がましい』と笑う風習があった」と記されている。明治末期には、本多利明が1798年に『西域物語』で次のように著している。「どれほど多くの子孫があっても間引きせず、養育しても食料不足にならず、成長して後に職業がないと言うことの無いように、見通しを付けさせる教示があることだ」と。そのために、貿易を盛んにすることが必要と主張している。

・幼稚園の子どもへの教育

　明治初期は、幼児教育についての西欧思想が取り入れられ『幼稚園（おさなごのその）』という書物が刊行されている。翻訳者の桑田親五は、総論で次のように述べている。「6歳以上の教育方法は古くからあったと思うが、6歳未満児の教育方法の書等はない。幼い時の方こそ教育効果がある」と。母親のおなかの中にいる時に母の見聞きしたものが子どもの性質の基になるという考えで、胎教が重視されている。

　「三つ子の魂百まで」（3歳までの育ちが100歳までも影響する）。「先入主となる」（脳に先に入ったものが心「性質」の主となる）などの諺はその頃から引用されている。

　また、人間の成長を樹木を育てる手法に習って、「木が二尺に成らないときに枝を綺麗に摘めば、大木となっても立派な枝葉に育つ」（後の良し悪しは別として「盆

栽教育」)、と例えられている。その時代の書は親がよい見本になることや脇坂義堂著『撫育草（そだてぐさ）』（1803年）などの養育書が刊行されている。

・女性教育・就労支援

　日本では古来からの仏教、儒教思想を基にして作られた男尊女卑の思想は、女子は内、男子は勤労（農、工、加工）というものであった。そのような世相のもと、女性に対する教育や就労の支援は画期的な事業といえる。女子は三つ指をついて「よろしくお願いします」により嫁ぎ、そのことで一生の生活が保証された。しかし、保育（子育て）、炊事、洗濯、掃除、親の介護をはじめ逃げられない家事労働が女性中心で社会を支えてきている。

・生活の中に残る家制度

　欧米等の価値観がわが国に持ち込まれ、古くから伝承生活していた「家」制度や血族中心主義、村落共同体生活から成り立っていた隣人愛と隣保相扶、などで「家」制度などが廃止された。「和をもって貴しとなす」を十七条憲法第一条で示した聖徳太子の顔であった1万円札は「天は人の上に人を作らず」の福沢諭吉に変わった。札の顔が変わったが生活形態はそれまでに変化がない。

　大家族や集団による生活様式は「個人」の尊厳を重要視するものへと切り換えられた。しかし、世帯や集団の維持を主眼とする仕組みは色濃く残されている。社会福祉の諸制度は個人の尊厳とうたいながら、対応は「世帯単位」のものが多く残存している。各種の手当や控除額、配偶者手当、扶養手当等に見られるように「世帯単位」の給付が残る。

　また、婚姻による「戸籍筆頭者」は姓名をそのまま名乗る者が戸籍筆頭者であり男女での決めはない。「世帯主」は夫婦どちらでも認められている（戸籍法）。

　戸籍法の決まりは、家族や世帯単位での人間の育ちや生活の営みがそこに重点を置くことの生活重視していることは伺えるが、反面、子どもも親の従属者としての扱われ方が多く、世帯単位の家族集団を維持することに寄与しているが、弱い女子や子どもの人間としての「個」としての自立を拒む制度ともいえよう。世帯の中で育む子どもの発達が親に帰属するために見えにくいのが現実である。

　家族は人間社会で最小の「社会」であり、家族から始まる小さなデモクラシーとしての機能を持つものとして重要視されることに異論はない。1995年に開かれた社会保障制度審議会では「『世帯単位』中心から『個人単位』に制度を切り換える必要性を述べ、『個人単位』にすることが望ましい」と勧告している。

第4章　新しい児童福祉の視点

　ただ、本件は個人の価値観が大きく作用するために、民法や戸籍法でいう世帯の課題（扶養、相続、別姓）などにより議論は進行中である。

・深く根づく差別心

　聖徳太子の「和をもって貴しとなす」の17条憲法第1条の名文の内容は「みんなで仲良く和となって仲良く生活せよ」と定めている（談合が消えないゆえんはここにあるかも）。人は人を差別する心を抱えている。したがってこの差別心を持ち上げない寛容な心を養い育てることは人間生活に欠かせない要素である。わが国は、徳川幕府時代の統制形態として身分制度を布いた。このことは近代になっても融和問題として掲げられ、いつの時代になっても深い反省の中で繰り返し学習する機会が必要とされる。福沢諭吉の「学問のすすめ」や「天は人の上に人を作らず、人の下に人を作らず」と提唱したが、人間の成長・発達には欠かせない教えである。

　いじめ、罵声、排除、無視、傍観、あおり、同調、けしかけ、下等扱いなどに見られるように自分以外の他者を差別する生活が溢れている。人間社会の子どもは親や家族とふれあい、社会をも見つめ、聴き、触れ合って育つなかで、この差別心（正しい格差とは異なる）が表に出ない社会と教育・養育が望まれる。

・教育・学習機会と生活優先思考

　わが国では明治開国以来、学習を受ける機会について先進国に見習って義務教育化が進められた。義務教育開始といえども、わが国の多くの産業は農林水産業が大半を占めていた。しかし、「女や子どもに教育？　そのような時間があるなら、この田んぼは誰が見る。百姓の仕事というものは二宮尊徳の教えのように、親が手ほどきで米を作るというものだ。勉強しても米は実らん、誰がわしらの生活を見てくれるんだ」。と父親の一声で教育機会を閉ざされる農村の子どもたちが多く存在していたことも事実である。生活困窮を逃れるためにわが子どもを「身売り」することは主の判断で往行していた。昭和大恐慌と農作物の飢饉も反映して、「娘売ります」などの看板は東北地方に限らず横行し、社会問題化した時代も経ている。1934（昭和9）年には4万人もの身売りが行われたと記録されている（山形県伊佐澤村〔現長井市〕HPより）。

　子どもにはこのことについて責任はない。子どもの養育などは、両親をはじめ成人、制度を運営する行政官にその責務がある。機会均等のためには、養育費、教育費の支弁や農繁期の学校休業などの措置制度も認めながら現代の全員就学に至っていることは忘れてはならない。日本の産業構造も第1次産業の農林魚業、第2次産

業の鉄工業、加工業、第3次産業のサービス業の比率は大きく逆転し、子どもへの教育機会とその競争激化は現代に至っている。

Ⅲ　産業構造、経済活動の視点からみた養育と子どもの状況（一部重複有）

　子どもを生み育てるという生活の営みは産業、経済、労働（賃金）の変化にも大きく起因していることも伺える。その点からも子どもの養育と位置も点検したい。

1　農作業までは母系社会

　人間に農作業の智恵がついた時代から父、母の分業労働が始っている。農地と農地の取り合い紛争や経済の流通が母系社会を父系社会へと変えてきた。貨幣経済の始まるまでの多くの人間は母系社会であったといえる。

　1万年前に平地での生活を始めた人間を考えると、それまでの長年の人間生活の営みは母系社会が長く、父系社会は極端に短い歴史である。

2　自由経済は家族と子どもを蝕む

　開国以来、自由経済社会を歩んでいるわが国は、競争激化から戦争や賃金労働、環境破壊、都市集中化などにより家族や子どもの養育に大きく影響している。個人や家族の責任論だけでは解決しない課題が山積している。労働者は家族とゆっくりくつろげる時間を削り、毎日のゆとりある家族という共同体を痛め、人の心をも歪めていることも事実といえる。便利で情報豊かな社会となっているが、子どもの養育に必要な「親子のふれあい時間」はますます少なくなっていることは見逃せない。わが国全体がその濁流のために気づきにくく、家族責任、父母の責任転嫁となりがちな労働社会は確認することが必要である。

3　低賃金、共働きの実態

　国際経済に追いつけ、追い越せの戦後の経済産業は人の生きる方向性を見失わせている。現在は、ややもするとその閉塞感の強い時期でもある。労働生産性を向上させるために、主たる夫の賃金を上げず、女性の社会進出と労働力に期待。そのために保育所、一時保育所などを整備し、さらに介護を社会化して国は国民の支援者、女性の支援者として政策を進めている。

働く両親は何とか生活していけるが、いつの間にか家族や子どもとの十分なふれあいの無いままの生活時間が多くなっている。しかも現在は、その中でワーキングプアを生み出している構造である。「仕事人間」を否定しないが、家族を想い、子を想い長時間働けば働くほどに子どもから両親は恨まれる社会システムでもあろう。そのために、1997（平成9）年より週40時間労働、サービス残業禁止、年間150時間を越えない残業が労基法で定められたが、実態はまだまだ厳しい現実社会である。

現実は男女雇用機会均等法、男女同一賃金、介護、育児、社会参加休業法等々の内容整備が必要である。

4　子育て分担論と支援サービス論

日本の置かれている経済環境をみると子育てを夫婦で分担しても、今の競争経済では育児やゆとりある子育て、家事労働は消滅し「子どもは家族とゆっくり子育て」ではなく、子どもの両親を社会経済労働が奪う仕組みとなっていよう。

保育所待機児童0作戦（特に乳幼児）も、労働に就く両親も家族の手で子育てしたい、賃金を獲たいと両刃の刃であり、眉間にしわを寄せたくなるのが実情だ。この厳しい現実で　乳幼児のいる家庭には夫婦共々の育児休業（生活費、養育費付）を付与しなければ、少子化の波は食い止められない（本件は、保育士等の専門職からの意見が多様にある）。

人は深い愛情のなかでゆったりと育てられ、人間としての思考を基に豊かな幸せと明日に繋がる社会発展に貢献したものだ。心と生活に少しの「余裕」があれば、地球の裏側の心配や宇宙のはてや将来について思考回路は働く。しかし、経済、労働、生活の厳しさの余り心に「余裕」がなくなると家族や、隣近所で苦しむ人も見えなくなってしまうのが現実だ。

このことは、先人や国政の歩んだ敗戦からの復興、高度経済成長をトリガーとして人間として大切なものを見失って歩んだ結果が現代社会のあらゆる場面の事故・事件となっていることは否めない。少し、休息しつつじっくり見直したいものである。

5　北欧諸国の子育て思想

北欧に位置するスウェーデン、ノルウェー、デンマーク、フィンランド、アイ

スランドの国々は社会保障、家族福祉、女性の社会参加天国といわれる先進国である。子育て観は徹底した家族福祉を推奨して進めている。子育てはまず親のウェルビーイング（人権の尊重と自己実現）を通して子どもの生活を保障するというものである。子どもは家庭や家族のもとで育てられることを礎とし、家庭養育支援の第1は「家庭生活をより円滑に心地よく運営するためのものであり、その目的は親自身が個人としての社会参画の機会と、人権の尊重を保障するためのもの」ということだ。保護者が精神的・肉体的ストレスを軽減し、子どもと向き合う時間をより充実させ快適なものにするというものである。住民の日常生活で必要なサービスは最低限保障することが、親自身の生存権と子どもの生存権保障を同時に行う施策となっている。

ただ、余りにもの社会化支援で家族、親子の絆の崩壊を生み出すような、社会的支援についても両輪のごとく議論が分かれる所でもある。税金は所得の74％と高額だが、市民も納得しての状況だ。

デンマーク国会議事堂の玄関には「4つの痛み」の彫刻がある。国民の生活で起こりうる「頭痛、歯痛、腹痛、耳痛」をやわらげることが国会の仕事であり義務と表記している。国民生活の苦痛を緩和することが役割ということである。

Ⅳ　未来へつなぐ「子どもの養育視点」

日本は長く父系社会で歩んできたが、経済競争には勝てず女性の労働参加をオープン化した。前掲の保育所整備や各種法律の整備。働く女性は賃金に差別をつけ、結婚、出産で退職を強要し、父系社会の存続を維持する施策はことごとく崩れている。いま現在は米国と同様の双系社会といえる。

その点で見れば、まだまだ子育て環境（親、家族、地域、行政、制度、労働、養育費）は充分ではないが、子どもを生み育てる一人の人間として環境整備にも力を注ぎたいものである。

社会福祉や各界での構造改革がされているなかで、児童福祉法、児童憲章の精神はもちろんのこと、成人たるおとな一人ひとりが子どもの養育についてどのような視点が必要か最先端の理念を整理してみたい。

第 4 章　新しい児童福祉の視点

1　児童権利宣言

　高度情報化、国際化の中では1959年に国連総会で採択された児童権利宣言の前文で明文化されているように「人類は児童に対し、いかなる国籍、人種、出自、性、言語、宗教、政治上等により差別なく、最善のものを与える義務を負う」とある。

　古い時代から弱い子どもをその国の政治思想、宗教、統治手段として捉えることが多々あったが、子どもを親権者や宗教、統治社会のために私物的な養育をしてはならないことを叫び、一人の人間としての尊厳思想といえる。

2　学習権宣言

　そして、1985年にユネスコは国際成人会議において「学習権宣言」を採択している。その宣言には『学習権は未来のためにとっておかれる文化的贅沢品ではない。それは生き残るという問題が解決されてから生じる権利ではない。基礎的な欲求が解決されてから生じる権利ではない。学習権は、人間の生存に不可欠な手段である』と述べている。

　人間は、いつでも、どこでも、何歳でも教育を受ける権利があり、その学習権は人間社会の成長と発展には欠かせないという内容であり、人間としての子育て観もそこに礎を置くことが重要である。次世代の子どもに教育することは、人間社会には現在のおとなでは解決されない課題も山積している。その問題や課題を少しずつ解決し、人間一人ひとりが「その人らしく生きていける社会を構築」するために教育や学習機会は欠かせないものである。

　人間は、ダーウィンの進化論でいう動物（生き物）でもあるが、他の動物とは異なっているのが「人間」である。人間は人間となるために教育を必要とし、人間は人間社会で生きる「社会的動物」である。人間は教育と学習によって「幸福」を求めて生き続け、その幸福は自己実現によって満たされる。自己実現の暁は、万民の幸福を願う生き方へと変化し、特に他者が幸福となることが自分の最高の幸福として現れ続けるものである。そのための学習や教育は一生涯続けられる権利が保障されなければならない。

3　子どもの権利条約

　子どもの権利に関する条約は、1989年11月、第44回国際連合総会で採択された。

人類の歴史において画期的な進歩といえる。わが国では、1994年に3月に国会で承認し批准した。そして5月には158番目の締約国となった。

権利条約が提示しているおとなと子どもの関係は、日本社会の中で伝統的に培われてきたものとは大きく異なっている。伝統的なおとなと子どもの関係は「縦」の関係であった。「子どもは発達の途上にあり、未熟である。従って成熟しているおとなが子どもにとって最善の利益とは何かを判断し、与えていく」という考え方に基づいて、教育や児童福祉等のプログラムが作られることを示している。

子ども、親・おとなとの関係は、「縦」の関係ではなく、いかに「横」の関係を築いていくかという課題を提示している。いわゆる、子どもを親の一方的な従属物として子どもを上から下にみて育てるのではなく、子どもの発育・成長を横の対等な目線にたって成長支援する関係の在り方の重要性を示しているのである。子どもの権利条約は、第1条から54条で構成しているが、その意味・理解を深める学習はおとなの責務でもある。

4　WHOが「障がい分類」を改め「生活機能分類」に

障がい者という人はこの世に存在しない。心身に障がいを抱え、日常生活に支障があり、不自由な人のことをいう。わが国に2度招聘された三重苦のヘレンケラーの有名な言葉で「私は不幸ではありません。不自由なだけです。不幸な人と不自由な人は異なります。不自由なのは個人の限界と受け入れる社会の皆さんが不自由にしているのです」。

世界保健機関（WHO）は、1980年に障がい者を「国際障がい分類」として、障がいを3つの次元に区分して社会的次元の障がいを認識し、世界に影響を与えた。しかし、環境の位置づけなどが明確ではないために問題点が指摘されていた。その後改訂作業が進められ、2001年の総会で「国際生活機能分類」（ICF = International Classification of Functioning, Disability and Health）が決定された。

まず、障がいは個人因子か環境因子かを問い、健康状態な社会生活をおくる為の、参加、活動、心身機能・身体機能に区分され問題の状況が捉えやすくなった点にある。このことは弱い子どもの立場や養育視点にも共通するものがあるといえる。そのことを踏まえた子ども観を醸成することが肝要といえる。

子どもは置かれている環境により、成長と発達は大きく異なることが検証されているなかで、おとな一人ひとりが子どもの「人間としての成長・発達」を保障する

役割と任務がある事を忘れてはならない。

【引用・参考文献】
・レヴィ・ブリュル著、山田吉彦訳『未開社会の思惟』岩波新書、1953年。
・宮本常一著『絵巻物に見る日本常民生活誌』中公新書、1981年。
・高橋重宏編『子ども家庭福祉論』日本放送出版協会、2002年。
・高橋重宏、才村純編『子ども家庭福祉論』建帛社、2002年。
・厚生省50年史編纂委員会編『厚生省50年史』厚生問題研究会、1988年。
・全国社会福祉協議会90年通史編纂委員会『全国社会福祉協議会90年通史』全国社会福祉協議会。
・柏女霊峰・山縣文治編『新しい子ども家庭福祉』ミネルヴァ書房、2002年。
・中江和恵著『日本人の子育て再発見』フレーベル館、1985年。
・古川繁子・加藤定夫編著・宗貞秀紀共著『児童福祉論』学文社、2006年。
・ジュリスト増刊総合特集『日本の子ども』有斐閣、1979年11月。

第5章　文化こそみんなの心をつなぐ
——音楽〈歌〉を通したまちづくり

矢内 淑子

　本章では、2つの事例——保育所や幼稚園における子どもの文化と地域社会との関わり、子どもが生き生きと生活できる地域社会のあり方——音楽を通したまちづくり——に関して検討する。

　地域社会と子育ちとの関連を検討することは、今緊急の課題である。というのは、子どもが健やかに育っていくための地域社会が子どもの心身を蝕んでいる現状があるからである。子どもが人として育つためには、地域社会の子育ちを促す要因、つまり人間関係をうまく結べる機能が備わっていなくてはならない。その機能は、1950年後半頃までは、都市部においても、家庭は地域社会の中でそれぞれにつながりを持たせ、助け合う生活パターンを形成させていた。子ども会は定期的にあり、町内で催される遠足・運動会・祭り行事は子どもの楽しみのひとつになっていた。子どもはその中で、将来さまざまな人間関係の中で生きていく術を培っていった。ところが、時代とともに少子化や都市化・夫婦共働き等は、人間関係を希薄にする要因を作ってきた。この要因について社会学者である門脇[1]は、次のように述べている。「最近の子どもや若者の変化を、子どもたちは他者への関心や愛着や信頼感がなく、自分の住む世界について具体的イメージが描けていないのは、社会への適応力（社会性）の欠如というよりは、自らの意思で社会を作っていく意欲とその社会を維持発展させていくのに必要な資質や能力の欠如によるものだ」。

　そして彼は、社会的動物ないし社会的存在たるにふさわしい人間の資質能力を「社会力」という言葉を用い、「今われわれおとなに求められていることは、よかれと思う社会を構想し、それを作り、運営し、それをさらにいいものに変えていく社会力のある人間を育てることである」としている。「社会力は、2人以上の人間の間で行われる相互行為の中で育つのであって、ヒトが社会的人間として育つ過程、すなわち相互行為に必要な諸々のことを共有していく過程をつぶさに見なおしながら、互いに共有すべき認識や能力、了解事項を作っていくことである。まさに、それこそが文化であり、その文化を作っていくことこそが重要である」と述べてい

る。また、「社会力の形成は生涯にわたるものであり、生まれた直後から大事であり、子どもの社会力は地域で育てるものである」と指摘している。さらに、「社会力」を育てる方策として、「子どものための地域づくり」を提唱している [2]。

地域づくりとは、地域に住む多様な人々と子どもたちの交流や共同体験を趣旨として、子どもたちの社会力を高めることである。そして地域づくりでは、子どもと子ども、子どもとおとな、おとなとおとなたちの交流が盛んになる必要がある。文化を通したまちづくりは、地域づくりのひとつの好例であると言える。

I 保育所・幼稚園における子どもの文化と地域社会との関わり

最近の保育所や幼稚園では、地域との連携を重視して行われる行事が多くなっている。では、幼児はどのような環境の相互関係の中で生活しているのだろうか。このことを考える上で、小田・榎沢の説は説得的である [3]。

彼らは、保育所や幼稚園の幼児たちを中心に、子どもの環境を生態学的な観点から分類している。この生態学的な観点は、ブロンフェンブレンナー（1917～）によるもので、子どもの環境における文化や人間関係を次の4つのシステムで捉えている。

①マイクロシステムは、家庭や園における子どもと仲間・保育者・家族との関係、保育内容や保育方法、家庭や園の在り方など幼児が直接経験する活動、状況、役割、人間関係などをさしている。

②メゾシステムは、保育者と親・地域・他園の保育者との関係、親の職場・PTA・近隣の交友関係、兄姉の通う学校・学級との関係などが挙げられる。

③エクソシステムは、幼児は直接関わらなくてもその発達に影響を及ぼす社会的に定められた仕組や決まり、市民のつながりなどを捉える。子どもや保育に関する行政制度、子育ての支援やエコロジーのネットワーク、保育者の養成・研修システムなどである。

④マクロシステムは、ある文化における信念の体系や、行動の一貫性を支える原理が、①～③を通して幼児に影響を与える関係を考える。子ども・教育・子育てに関する信念、心性、思想、イデオロギーなどが含まれる。

この4つのシステムによれば、保育の全体像や関連性から見て、子どもが生きていく上で、さまざまな文化的影響を受け成長していくこととなる。このように捉え

図表5-1　子どもの環境における文化と人間関係
【子どもを取り巻く生態学的な環境】

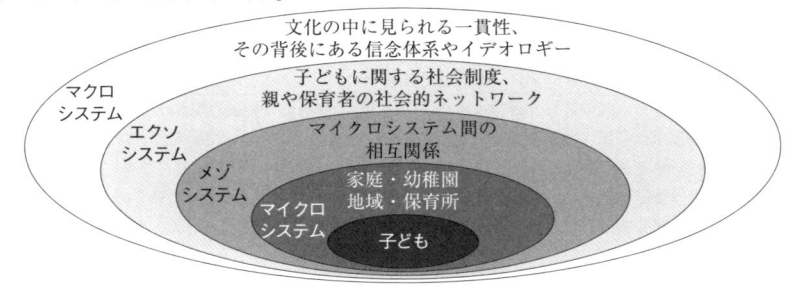

- マクロシステム：文化の中に見られる一貫性、その背後にある信念体系やイデオロギー
- エクソシステム：子どもに関する社会制度、親や保育者の社会的ネットワーク
- メゾシステム：マイクロシステム間の相互関係
- マイクロシステム：家庭・幼稚園・地域・保育所
- 子ども

（出所）小田豊、榎沢良彦編『新しい時代の幼児教育』有斐閣アルマ、2005年、67〜68ページ

ると、地域社会の文化の様態と子育ちは密接に関連しているため、子どもの成長を促す地域社会のあり方を再考せざるを得なくなるだろう。

そこで、保育所や幼稚園に通っている幼児がどのように地域社会と関わっているのかを検討するために、名東区の保育所・幼稚園の園行事や文化的環境としての活動状況について調査（アンケート調査）することとした。

質問は次の2項目である。
① 「園独自の行事や地域と連携しながら活動したことについて、教えてください」
② 「子どもに体験させたい文化的環境がありましたら教えてください」

調査結果のまとめ
質問①「園独自の行事や地域と連携しながら活動したことについて、教えてください」

保育所11園、幼稚園11園から行事総数163の活動記載があった。図表5-2は年間の行事を月別に示したものである。

図表5-2を概観すると、地域と連携した行事が多く行われていることがわかる。しかし、一方では日常の保育に加え、年々増大する地域と連携した行事に追われていることもわかる。地域と連携した行事が増大していく中で、園において子どもや保育者にとって多くの負担が強いられ、行事を行うことが目的化してしまうと、子どもが無機的に扱われる危険性があるのではないだろうか。では、家庭・地域社会・保育所・幼稚園の連携が求められる今日、保育所や幼稚園の行事はどのような

図表5-2　年間の行事（括弧内は回答の総数）

4月	花まつり（2）、親子遠足（公園）、散歩（近所の畑）、桜まつり（地域広場）
5月	親子遠足（東山動物園・神宮東公園）（6）、花まつり（日泰寺）（2）、散歩（近所の畑でおたまじゃくし捕り）（2）、移動動物園（2）、小学校の運動会に参加、同窓会（卒業園児対象）、交通安全指導、オープンキンダーガーデン（未入園児対象）
6月	ファミリーデー（父の日）、ふれあいの日（祖父母）、観劇会（影絵の鑑賞）、プラネタリウム見学（名古屋市科学館）、消防署見学（天白消防署）、おまつりごっこ、相撲大会（力士と触れ合う）、カレーパーティー（幼児クラスで作る）、同窓会（小学生対象）、防犯教室、交通安全、避難訓練
7月	七夕祭り（楽器演奏やお遊戯をする）（6）、お泊り保育（6）、夏まつり（盆踊りや太鼓演奏、大学生による出し物など）（4）、プール開き、いにこし病院訪問（おじいさん、おばあさんとの触れ合い）
8月	かっぱ祭り、夏祭りごっこ（お店・盆踊り）、お泊まり保育、昆虫教室（市の施設から）、預かり保育（縦割り保育でプール遊び）
9月	園内で敬老のお祝い会（利域の方、祖父母を迎え）（4）、老人ホーム慰問（2）、いにこし病院訪問（おじいさん、おばあさんとの触れ合い）、運動会、ふれあい動物園、芋掘り遠足、オープンキンダーガーデン（未入園児対象）、身体検査
10月	運動会（地域の人や祖父母の参加など）（10）、芋ほり遠足（4）、遠足（東山動物園）、バザー（地域のかたへ呼びかけ）（2）、祖父母と遊ぶ、ふれあい祭り（地域）、童話の会（素話）、移動動物園ファーブル号、昆虫室・動物教室（市の施設から）
11月	知能検査、七五三（3）、芋ほり、芋ほりパーティー（2）、お店屋さんごっこ（年中年長合同、地域の人を招いて）（2）、子ども祭り（地域に開放して）、作品展（2）、お買いものごっこ、動物と触れ合う日（親子ふれあい遊び）、親子遠足、保護者バザー（地域開放）、絵画教室、感謝の集い、名曲コンサート（地域に開放して）、収穫感謝礼拝（お芋を地域の人に届ける）、園外保育―年長（名古屋）年少（小幡緑地）、餅つき（親子で）（4）、人形劇（地域の子どもを招待）、祖父母と遊ぶ（昔の遊び）、消防署・交番訪問
12月	クリスマス会（地域の方のサンタさんを招いて）（4）、クリスマス礼拝（1）、生活発表会（3）、成道会（仏教の劇観賞）（2）、作品展、年忘れ会、ポニー牧場（地域に開放）、ほんわかシアター劇場（地域に開放）焼き芋（地域に開放）、いにこし病院訪問（おじいさん、おばあさんとの触れ合い）
1月	地域の方の人形劇、わらべうたであそぼう（地域に開放）、人形劇（地域に開放）、餅つき、身体測定
2月	作品展・造形展（3）、節分の豆まき、生活発表会、おひな祭り（お遊戯、劇の発表）、みんなで遊ぼうの日（親子で園生活を楽しむ）、お買いものごっこ、ねはん会、観劇会（人形劇）、移動動物園、老人ホーム訪問
3月	お別れ会、園外保育、いにこし病院訪問（おじいさん、おばあさんとの触れ合い）、お別れ会、バイキング会食（地域の子どもを招待）
その他	月1回遊ぼう会（地域の未就学の子どもを対象）、重度障害者（青年）が登園しての1時間ゲームや遊び、年3回老人ホームを訪問、年4回園庭ワーク（家族やその地域の人々と遊び場の環境づくりをする）、月1回本堂朝礼、併設の特養と音楽クラブ、隔月に園外保育（近くの4か所の公園）、月1回子育て支援（室内遊び・園庭開放）、年2・3回おにぎりパーティー、遊ぼう会（地域の未就学の子どもに園開放）、誕生日会、月1回併設のデイサービスと誕生日会、月1回併設のデイサービスと交流会、作品作りやゲーム

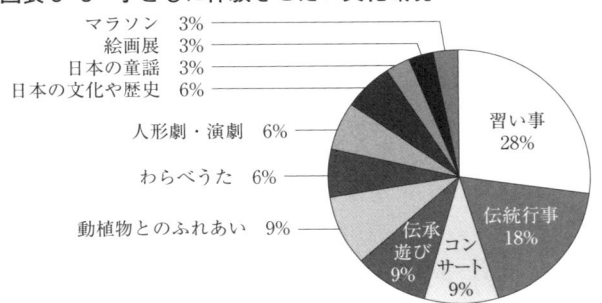

図表5-3　子どもに体験させたい文化環境

マラソン　3%
絵画展　3%
日本の童謡　3%
日本の文化や歴史　6%
人形劇・演劇　6%
わらべうた　6%
動植物とのふれあい　9%
伝承遊び　9%
コンサート　9%
伝統行事　18%
習い事　28%

視点で行われることが必要なのだろうか。まず、行事の計画をするときに、保育所や幼稚園の状況によって、目標の設定を行い、園と保護者や地域の方々と役割分担を決めながら、子どもにとって何が大切か取捨選択しながら行う必要がある。また、行事を通しておとなたちが交流してお互いを理解していく中で、子どもたちが、さまざまなものや人との出会いを安心して生活できるようにしていくことが大切である。そのためには、行事が特別のものとして扱われるのではなく、子どもの生活の延長上で行われ、子どもたちが主体的に関われるようにしていくことが大切なのではないだろうか。

質問②「子どもに体験させたい文化的環境がありましたら教えてください」

　習い事（28%）、伝統行事（18%）、コンサート（9%）、伝承遊び（9%）、動植物とのふれあい（9%）、わらべうた（6%）、人形劇・演劇（6%）、日本の文化や歴史（6%）、日本の童謡（3%）、絵画展（3%）、マラソン（3%）、の順にあげられた（図表5-3）。

　上記の中で、保育者は、次のようなことを大切に考えている。
・お茶・お花・お習字・剣道・和太鼓など、日本に古くから伝わるけいこ事や最近家庭で行われなくなった餅つきなど四季折々の伝統行事の継承
・コンサートでは、普段なかなか聴くことができない生の音楽（ピアノ・バイオリン・歌など）に触れることによって、音楽的感性を豊かにする
・コマ・あやとり・はねつき・けん玉などの伝承遊びが引き継がれていき、失敗を何度も繰り返しながらできる喜びを感じる

・動物とのふれあいによって、やさしい気持ちを持って日々のお世話する体験
・わらべうたを歌うことで、日頃は荒れた言葉を使う子どもたちに、音の心地よさや言葉の柔らかさを伝える
・人形劇・演劇を劇場で見せる
・道徳性や座禅など、日本文化や歴史を知ることによって、生きる力や感謝の気持ちを持って何事にも向かっていけるような環境づくり

　習い事に関しては保護者の要望もあるが、日本古来から伝わる稽古事や季節感を大事にした伝統行事や伝統的慣習、伝統的遊び、芸術的感性や優しさなど、保育所・幼稚園で文化的環境として考えていることがわかる。「21世紀出生児横断調査」[4]によれば、最近の家庭での習い事は低年齢化しており、2歳6カ月では13.9%、3歳6カ月では23.4%、5歳6カ月では56.6%の子どもが習い事をしている。さらに、5歳6カ月の習い事の上位ランキングを見てみると、男児では水泳・英語・体操、女児では音楽・水泳・英語が挙げられている。また、若い世代では、伝統的行事をしない家庭が増えている。これらのことからも、保育園・幼稚園では、家庭では行わなくなった伝統的稽古事や伝統的慣習、伝統的遊びを担うことは必然的なことといえるのではないだろうか。また、現実としてこれらを、保育園・幼稚園は家庭に代わって継承していく責務を担っていることがよくわかる。

II　音楽〈歌〉を通したまちづくり

　実際に地域社会では、どのような取り組みが行われているのか、滋賀県蒲生郡日野町の「わたむき合唱祭」「ちんから峠のうたまつり」と岡山県高梁市の「高梁市の童謡まつりイン高梁」の事例を検討する。

1　滋賀県蒲生郡日野町の「わたむき合唱祭」「ちんから峠のうたまつり」

　滋賀県蒲生郡日野町は、滋賀県の南東部に位置し、鈴鹿山系の西麓に広がる地域である。町の東に連なる鈴鹿の山々は「鈴鹿国定公園」があり、天然記念物「鎌掛谷のホンシャクナゲ群落」をはじめ、四季折々の豊かな自然に恵まれている。総面積117.63km²、人口2万3,280人、世帯数7,651世帯（2007〔平成19〕年3月1日現在）である[5]。1965（昭和30）年に1町6村が合併してつくられた町で、現在、「日野町自律のまちづくり計画」（2001〔平成13〕～2010〔平成22〕年までの期間）を定め、日

第5章　文化こそみんなの心をつなぐ

写真5-1　「わたむき合唱祭」(左)、「ちんから峠のうたまつり」(右) のポスター

野町では住民参加と協働による「自立したまちづくり」を目指している。

わたむき合唱祭
【概要・経過】
　「わたむき合唱祭」は、町内合唱団と指定管理者である日野町文化振興事業団が一体となって企画進行を行う住民型事業である。日野町文化祭合唱の部を「わたむき合唱祭」と改め、日野文化祭協会所属の合唱団が、非所属の一般合唱団、学校の合唱クラブ、児童合唱団を巻き込んだ形で1997（平成9）年に始まり、次年度から本格的に独立して、日野町文化振興事業団の自主事業と位置づけ、2007（平成19）年で11回を迎えた。この演奏会は、毎回テーマを決めて単なる合唱団の発表会に終わらせず、見せる合唱を合言葉に、第1部は各合唱団の独自発表、第2部は合唱団が協力して企画ステージを製作するなど、参加者も合唱団にとどまらず地域のさまざまな分野の方の参加をお願いし、住民参加型事業として広がりを見せながら、今日まで続いてきている。
【特徴・成果】
①事業団職員と合唱団の関係
　各合唱団の代表からなる「わたむき合唱祭実行委員会」は、月1回の実行委員会で意見交換をしながら、第2部のテーマの検討、衣装、舞台セットの製作、広報物のデザイン、広報掲載協力業者の発掘、演奏会内容、チケット販売を行っている。

日野町文化振興事業団は事務局として、実行委員の招集、事業資金の捻出、当日のステージトータル演出、出演者との交渉、スケジュール、広報媒体の制作、受付を行う。合唱団と指定管理者である事業団が密接な関係を維持しながら運営することは、合唱団側としての利点として、発表会の機会が増える、それぞれの独自発表の際に事業団管理ホールが使用しやすくなる、文化イベントの情報収集も容易になってくるなどが挙げられる。また、事業団はわたむきホール虹を中心に日野町の文化振興、文化的向上を担うことができ、他事業のチケットの販売協力も得られるなどである。つまり、互いの利害関係が一致していることが特色となっている。

②演奏会内容

第1部は合唱団の独自発表、第2部の企画ステージは、出演する合唱団も客席で聴くお客さんもお互いに楽しめる舞台を目指して、毎年テーマを決めて工夫を凝らしている。特に第2部の発表内容・演出は団に任されており、衣装・振り付け・舞台セット等々、合唱団の中での意見交換は団の運営の活性化につながっており、年々各団の独自性が出てきて楽しい演奏会になっている。制作面でも脚本・作曲・編曲を実行委員や事業団職員、指導者が担当したり、少年少女合唱団の子どもたちが進行役をしたりすることもある。演目によって、出演者も合唱団の他に、地域の劇団、演奏集団、ダンスチーム、朗読サークルの方、幼稚園児にも参加をお願いするなど地域を巻き込んでの企画ステージは人気があり、第2部だけを鑑賞に来館する観客もいるほどで、観客の増加につながっている。

③指導者について

複数の団体が参加する事業においては、指導者の姿勢、あるいは利害関係などによる障害が起きやすいが、長年功績のある先生を中心に、指揮者同士一致団結して行われている。

④合唱団員の意識

合唱団員は、日野町にある7つの公民館を中心に合唱団活動を行っている。そのことにより、合唱団活動以外のボランティア活動にも参加し、住民参加型イベントへの意識が高い。

⑤合唱団同士の関係

月1回の会議は、合唱団員同士の情報交換にもなり、独自の発表会の動員協力や、互いに聴き合うことで刺激になっている。また、第2部の企画ステージや最後の合同ステージを設けて合同練習の機会を持つことは、日野町文化協会所属の合唱団を

第5章 文化こそみんなの心をつなぐ 67

写真5-2 わたむきホール虹

吹き抜けの玄関ホールの窓ガラスに描かれた童画、見る人の心を和ませる＝わたむきホールで

はじめ、一般の合唱団、学校の合唱クラブ、児童合唱団、幼稚園児、地域の方々など、幼児から高齢者の交流の場となっている。

⑥発表会意識から事業意識へ

　事業団の主催となることにより、合唱団の集合体主催の発表会とは自ずと意味合いが変わってくる。関係者は客席に入らず、観客を大切にすることで、合唱愛好家を増やすことにつなげている。合唱団自身も、「有料で来てくださるお客様が聴いてくださる」という意識を持つことで、合唱の取り組む姿勢が違ってくるとともに、年々合唱団のレベルの向上が見られる。

ちんから峠のうたまつり

【概要・経過】

　「ちんから峠のうたまつり」は、日野町文化振興事業団主催の童謡にスポットをあてた子どもたちによる童謡祭である。地元の童謡詩人細川雄太郎氏の「あのこはたあれ」「ちんから峠」など、古き良き時代の童謡は美しい日本が歌われ、口ずさむだけで風景が浮かんでくる素晴らしいものである。そのような童謡をもう一度見直し、未来を担う子どもたちにも、自ら歌うことで素晴らしさを認識してもらい、童謡の復興とそれに伴う文化の向上、合唱の町・日野の全国規模へのアプローチを目指している。出演団体は、地元の合唱団（5団体）と県外から招聘した合唱団（1団体）である。2004（平成16）年から始められ2007（平成19）年で4回目を迎えて

いる。
【特徴・成果】
①町民参加型の事業
　指定管理者である日野町文化振興事業団が企画運営を行っているが、子どもたちが多数出演するため、その世話係や当日の会場係のサポートスタッフを募集することにより、町民参加型の事業展開で行っている。
②演奏内容
　第1部は各団の独自発表、第2部はゲストの合唱団のコンサート、第3部は童謡を題材とした企画ステージで、童謡を中心に参加者全体で行える企画を盛り込んでいる。最後に、全員合唱で地元の童謡詩人細川雄太郎氏の童謡を歌っている。
③参加団体
　県内の少年少女合唱団、児童合唱団、日野町文化振興事業団指名による合唱団5団体の他、県外の優秀な合唱団をゲストとして招聘している。県外の優秀な合唱団を聴くことで、よい刺激になっている。事業団から出演料として、県内2万円、県外20万円が助成されている。
④交流会
　毎年、演奏が終了後、交流会を開催して子どもたち同士の交流の場を提供している。世話係やサポーターが、毎年独自の交流会内容を考え、子どもたち同士が楽しく交流ができるように企画されている。この交流会は地元の合唱団はもとより、県外の合唱団から「非常に楽しかった」と好評である。
　最初は菱川きよみさん指導による、合唱団を楽しむ中学校の合唱団結成から歌の輪が広がった。歌の好きな子どもが育ち、さらに成長しおとなの合唱団を作り、歌の輪が広がっていくという波紋のような広がりを見せた。現在のような歌を通じて町全体がつながっている基には、町の施策からでなくキーマンを中心に子どもたちの合唱から始まったことに意義がある。

2　岡山県高梁市の「童謡まつりイン高梁」

　高梁市は、岡山県の中西部に位置し、県下三大河川の1つ高梁川が中央部を南北に還流し、その両側に吉備高原が東西に広がっている。総面積547.01km²、人口3万8,799人、世帯数1万5,325世帯（2005〔平成17〕年度国勢調査）である[6]。2004（平成16）年に合併され、1市4町になった。

第5章　文化こそみんなの心をつなぐ　　　69

写真5-3　「童謡まつりイン高梁」のポスター

【概要・経過】

　高梁市は小京都にふさわしく、誰もが親しんできた童謡を心のふるさとにする地域づくり、まちづくりを目指して、1985（昭和60）年から「童謡のまちづくり」の取り組みがスタートした。これは、童謡の流れる音声装置の設置、コーラスグループの誕生等多くの市民皆さんの童謡に関する高まりを受けて、歴史と文化の町高梁で子どもから大人までが参加した個性あふれるまちづくりの事業として生まれたものである。このまちづくり事業の趣旨に賛同する民間団体を中心とする代表者で童謡のまちづくり推進委員会を設置し、現在まで高梁市の美しい自然と風土の中で「いつでも、どこでも、だれでも、気楽に楽しめ、素朴なメロディーと歌詞によって感性を育て情緒を豊かにしてくれる」童謡を通して、心のまちづくりを進めることを目的に各種事業を展開しており、「童謡まつりイン高梁」開催もその1つである。

　この演奏会は、市民が日常生活の中で童謡を聴き、歌って、心を豊かにする常時活動と、年1回常時活動の成果を発表するイベントからなり、1986（昭和61）年に始まり、2007（平成19）年で22回を迎えた。日本童謡協会が1984（昭和59）年に「童謡の日」と制定した7月1日前後の土・日曜日に、1日目は著名なゲストを中心に、2日目は地元の合唱団を中心に、高梁市総合文化会館を会場に開催されていたが、2000（平成12）年度の第15回より1日開催となり、著名なゲストの出演を取り

やめて、県内外から合唱グループを招待して交流するなど、手作りで盛り上げる取り組みになっている。

【特徴・成果】

①高梁市教育委員会と出演団体の関係（合唱だけではないので、以下出演団体とする）

　2005（平成17）年までは、高梁市教育委員会は事務局として、まちづくり推進委員会や出演団体の招集に始まり、事業資金の捻出、ゲストの交渉、ステージの企画等の多くを行っていた。しかし、2005（平成17）年度20回の節目を迎え、2006（平成18）年度からは、出演団体の関係者で新たに「高梁市童謡まつり企画運営委員会」を組織し、関係者が中心になってまつりの企画立案や当日の運営を行う体制へと大幅な変更をした。17年間続いた著名なゲスト出演による企画は、市民に「童謡のまちづくり」を定着させる成果があった。また、全体的には、行政と民間団体の代表により「童謡のまちづくり」をコンセプトに各種事業展開できたことは、市民の人々へ広く知らせることができた。

②演奏会の内容

　この演奏会の大きな特徴は、コンセプトが童謡である、保育所・幼稚園の子どもたちの参加、合唱だけではなく邦楽、器楽演奏による、高梁市で生まれた新しい童謡の発表などが挙げられる。2007（平成19）年に行われた演奏会の内容をみると、3部構成からなり、第1部は市内小学生によるオープニングに始まり、保育所・幼稚園児の歌、高梁市で生まれた新しい童謡の発表、第2部は一般市民合唱団と中学生音楽クラブの合唱、第3部は琴の演奏、短期大学幼児教育学科学生の合唱、ハーモニカクラブの団体の演奏、一般市民の合唱団、招待合唱団、招待合唱団と地元の合唱団との合同演奏、全員合唱などである。出演団体が企画運営にあたることで、市民の関心も高まっている。

③指導者

　長年功績のある指導者を中心に、若手への引継ぎが一致団結して行われている。

④団員・観客の意識

　2006（平成18）年からは、3月頃から参加団体の代表や関係者が数回会議をし、企画立案することで、マンネリ感から脱却するよい機会となり、各合唱団の意識も変わり密接な関係になった。保育所・幼稚園の子どもたちが意欲的に声を出すようになった、家族からは演奏会の記録を家族で見ることで、共通の話題ができたと喜ばれている。観客も関係の団体だけでなく、他の団体の演奏も聴くようになるなど

意識の変化がみられた。
⑤参加団体
　2007（平成19）年度は、高梁市の一般市民合唱団、少年少女合唱団、保育所・幼稚園、中学校音楽部、短期大学幼児教育科、文化協会邦楽部三曲会、高梁ハーモニカクラブ、招待合唱団など、市内参加団体23団体（参加人数630名）、招待合唱団1団体（31名）と多くの参加があった。始まった当初、7団体の参加であったが、現在では16団体の参加増となっている。このことは、童謡のまちづくりの成果の1つである。
⑥新しい童謡の発表
　毎年、前年度の高梁市文化選奨童謡作詞部門の優秀な作品に市内の音楽家が曲をつけ、童謡まつり内で発表している。現在まで23曲（平成19年3月末現在）が完成している。2000（平成12）年度末には楽譜集を作成配布している。
⑦童謡セミナー
　2003（平成15）年から、新たに市民向けの講習会（発声法・合唱指揮法）を行っている。合唱団のレベルの向上につながっている。
⑧童謡発表会の開催
　合併により旧市町の枠を超えて、文化による地域間の交流を行うことを目的に、高梁地域以外でも発表会を開催している。2007（平成19）年度は高梁市有漢生涯学習センターにおいて、童謡発表会が開催された。高梁地域参加団体4団体（参加人数187名）、有漢地域参加団体2団体（参加人数18名）であった。
⑨団の育成・助成
　童謡のまちづくりを推進するために、合唱団、合奏団については結成年度に5万円以内、次年度から3万円以内の助成（ただし、補助期間は5年とする）、施設設置については、設置年度に10万円以内の助成、進行行事については、設置年度に3万円以内の助成がされている。このことは、合唱団の増加につながっている。
⑩普及宣伝活動
　学校教育活動や社会教育活動へ取り入れ、合唱グループの育成と振興、高梁にふさわしい童謡作り、啓発活動などを行っている。市内の公園・駐車場へのブロンズ像の設置、市庁舎や学校への童謡チャイム設置により、多くの市民の方に対して普及を行っている。また、高梁で生まれた新しい童謡については2000（平成12）年度に楽譜を作成し配布している。

のどかな自然環境に恵まれた高梁市においても、核家族化や自己中心的な風潮による人間関係の希薄さが憂慮され始めたころ、21世紀を担う若者の健全育成にも通じる伝統的行事の1つとして、行政主導で始まった。しかし、それまでの中学校教員であった丸池和男氏の少年少女たちや婦人たちへの熱心な指導があり、その輪が広がり受け継がれる流れと、行政のビジョンがよい形で結実し、保育所・幼稚園の子どもたちからおとなの市民をも巻き込んで継続的・発展的に行われることで、市民から愛される文化的行事となっている。

Ⅲ　文化を通したまちづくり

日野町の「わたむき合唱祭」と高梁市の「童謡まつりイン高梁」、両者とも、参加者の幅広い年齢層を考慮したプログラム内容になっている。また、施設の利用の仕方などにおいてさまざまな取り組みが見られる。さらに、ソフト面でも非常によく考えられた催し物となっている。成立の違いはあるものの、両者とも長い間続いているということは、活動が地域の特性や地域の課題に根ざしていること、音楽を通じて生き生きとしたまちづくりを目指して、民間団体と行政が一体となり協力して、活動内容を発展させながら継続的に行われていることなどが挙げられる。その結果、地域の交流の場としての機能を十分果たすとともに、参加者の共同体としての意識が高まっている。また、「わたむき合唱祭」は、4年前から童謡にスポットをあてた子どもたちによる合唱祭「ちんから峠のうたまつり」も並行して行われ、子どもたちの交流も積極的に行われている。高梁市の「童謡のまちづくり」は、高梁市以外での発表会を開催し、地域間の交流も活発になっている。

これまで、子どもを取り巻く環境を概観しながら、日野町の「わたむき合唱祭」「ちんから峠のうたまつり」と高梁市の「童謡まつりイン高梁」の音楽〈歌〉を通したまちづくりを検討してきた。そこで、これらの知見から、催し物を催し物としてだけに終わらせないためにも、催し物を通して子どもたちが多くの多様な人々と交流を活発にしながら相互の人間関係を構築する中で、おとなたちによって、子どもたちがどのように変容しているかをみることができた。特に、音楽〈歌〉を通した文化的環境を醸成することは、よりよい地域環境の育成を促すことで子どもが変わってきたという点で、特に、この場合は成功している例ではないだろうか。このことは同時に、子育ちを確かなものにする「まちづくり」となっている。それで

は、このようなまちづくりを推進するために、国の施策はどのようになっているのであろうか。

　国の施策としては、総理府所管の財団法人・あしたの日本を創る協会[7]で、1983（昭和58）年から3年間にわたり、子どもたちが生き生き育つことができる地域社会を作るためのモデル事業として試みられている。正式には、「児童・青少年の健全発達促進モデル地区育成事業」といい、《地域社会を子どもたちのために作り替える》といった意味の英語で"Creat The Community for Children"を略してCCC運動と呼ばれている。CCC運動とは、子どもたちのために地域を作り替える運動ではある。まず、地域に活動の拠点となる施設や遊び場を用意するなど、地域で多彩な催しものを計画実行することである。それはどれも、おとなとおとな、おとなと子ども、子どもと子どもの交流のきっかけを作り、交流を深めていく場所を提供することである。子どもの地域づくりのノウハウが『ハンドブック・子どものための地域づくり』[8]として刊行されている。また、協会では、優れた地域活動を顕彰する「あしたのまち・くらしづくり活動賞」を設け、毎年、地域で活動する団体を表彰している。2006年から子育て支援活動部門ができており、日々の活動が報告されている。

　以上、保育所・幼児園や日野町・高梁市の2つの事例をもとに、地域社会と子どもたちとの関連について検討した。その結果、子どもたちの健やかな成長を促す文化的環境は、地域社会のおとなが用意周到に準備してはじめて達成できることがわかった。2つの事例のような活動が多くの人々に周知され、さまざまな地域で展開されていくことが望まれる。

【引用・参考文献】
(1) 門脇厚司『子どもの社会力』岩波新書、2007年。
(2) 前掲書（1）。
(3) 小田豊、榎沢良彦編『新しい時代の幼児教育』有斐閣アルマ、2005年、67～68ページ。
(4) 厚生労働省ホームページ「第6回21世紀出生横断調査」（http:www.mhlw.go.jp/）。
(5) 日野町ホームページ。
(6) 高梁市ホームページ。
(7) 総理所管の財団法人。新生活運動協会の名称で1955年9月、当時鳩山一郎首相の提唱により設立され、1982年に現名に改称。

（8）あしたの日本を創る協会『ハンドブック　子どものための地域づくり』晶文社、2004年、12、19ページ。

第6章　社会的養護を必要とする子ども・家庭の実際
——支援・保護を求める子どもの実態を通して

神戸　賢次

　高度経済成長および、その後の低成長時代の陰で、婦人の労働者の増大、合計特殊出生率の低下は、超高齢化・少子社会を生み出す一方、地域社会の連帯性の欠如、親族による相互扶助機能の喪失、親子関係の絆の欠損に伴う家庭の養育機能の低下といった新たな社会問題を引き起こした。具体的には、非行、いじめ・不登校、校内暴力・家庭内暴力や、児童虐待・親子心中などの問題にあらわれ、それらの暴力（虐待）・排除（養育拒否）的な人間関係の中で育つことによる「パーソナリティ・人格発達問題（2次被害）」としての①自己評価の低さ、②対人関係障害、③愛着障害などを引き起こしている。

　本章では、子どもの保護にとどまらず、児童養護・障害児療育を必要とする子どもの実態に即した自立支援・家族再構築のあり方について、児童の権利に関する条約の視点から論述する。

Ⅰ　反社会的・非社会的問題行動の子どもの実際

1　いじめ行動の子どもの実際

　前述のごとく、さまざまな家庭や社会的環境の変化や価値観の多様化を背景に、いじめ事件が凶悪化あるいは自殺にまで追い込む事態に発展させる傾向にある。なかには、軽度の発達障害に起因する「じっとしていられない」「特定の教科が極端にわからない」「その場に応じた会話ができない」などの問題を抱える児童へのいじめや体罰・虐待などが増えている。その「いじめの態様」は、冷やかし・からかい、仲間はずれの段階から、言葉での脅し、暴力へとエスカレートする。また、現金を脅し取ったり、怪我をさせたりするケースが増え、刑事事件に発展しているケースも少なくないのである。

　「名古屋市子ども条例（仮称）」検討時に行われた子どもアンケート調査（2006〔平成18〕年4月実施、10～17歳までの子ども4,000人に調査し、1,599人の回答数、回収率

40.0％）で、「いやなことをされたことはあるか？（複数回答）」の設問に、ほぼ4人に1人が「面と向かって体のことや言葉づかいなどをからかわれ」たことがある（26.1％）。「因縁をつけられたり、けんかをふっかけられたりする」（13.7％）、「持ち物をかくされたり、こわされたりする」（13.0％）、「仲間はずれ」（9.3％）、「暴力をふるわれたりする」（9.3％）、「落書きされる」（9.1％）のほか、少ないながらも「インターネットの掲示板やチャットで悪口を書き込まれ」（2.4％）たり、「はずかしくなるような写真を無断で撮られ、他の人に見せびらかされ」（1.9％）た子どももいる。

同保護者アンケート調査（同上の4,000人の保護者で1,605人の回答数、回収率40.1％）では、「お子さんが他人からひどく叩かれたり、言葉や態度でひどく傷つけられたりするなど、いじめを受けたことがあると思うか」に対し、「よくある」（3.7％）、「ときどきある」（27.6％）を合せると31.3％に上る（「わからない11.4％」）。

いずれにしても、「いじめは暴力だ」という認識を子どもも親も教師も認識しなければならない。

2　不登校の子どもの実際

不登校（登校拒否）の児童生徒はここ数年横ばい傾向にあるが、2004（平成16）年度は全児童生徒の2.73％（中学生10万40人）、0.32％（小学生2万3,318人）が30日以上の欠席者となっている。保健室登校、教育委員会指定のフリースクール登校などを合わせれば、実態はむしろ増加傾向にあると推察できる。不登校のタイプも、「学校に行きたくてもいけない。行く価値を見いだせない。遊びに流される」など、多様化の実態が浮き彫りにされている。

とくに、全国の精神保健福祉センター及び保健所で受けた1年間のひきこもり相談件数のうち約40％が小・中・高等学校で不登校の経験を持つなど不登校の長期化からその後数年にわたるひきこもり（ニートなど）につながる事例も報告されているなど、不登校児への早期の適切な対応が求められている。

3　非行・問題行動の子どもの実際

警察庁「平成17年の犯罪」によると、2005（平成17）年の刑法犯少年は12万3,715人（前年度比8.3％減）、刑法犯少年の人口比（14歳以上20歳未満の人口1,000人あたりの検挙人員）は15.9（前年比0.9％減）となっている。

罪種別にみると窃盗（万引き、自転車・オートバイ盗など）が最も多く、次いで占

有離脱物横領の順となっている。統計的には減少傾向にあるかのように見えるが、これらの非行統計に表れない「非行」の広がりがあるとの指摘もある。

　司法・行政側は法や条例で厳罰化・取締り強化策を打ち出す一方、少年たちの無断外泊や深夜はいかい、その過程でのシンナーや覚せい剤などの薬物の濫用、少女たちの援助交際あるいは風俗営業店での就業、振り込め詐欺・カード関連犯罪への関与、いじめやいじめの仕返しなど、新しい形での非行が広がり続けている実態がある。

　現象としてみられる少年犯罪行為を成人と同様、厳罰主義で臨むべきといった少年法改正（悪）は、これまでの少年法の精神や、子どもの権利条約の理念を崩すことにほかならない。したがって、これらの少年たちの非行や問題行動に対して、「少年の健全な育成を期し、非行少年に対して性格の矯正及び環境の調整に関する保護処分を行う（少年法第1条）」「審判は懇切を旨として和やかに行うとともに、非行少年に対して自己の非行について内省を促すものとしなければならない（法第22条）」の趣旨を遵守し、家庭・地域・学校・警察との情報交換・連携を一層充実・強化させ、早期発見・早期対応を図ると同時に、非行行為の事実認定よりも、少年たちの心理的葛藤、家庭不全、学校・施設不適応など、心理社会的な環境要因に視点を置き、これらの失敗を自立支援、発達保障の視点で、時間と労力をかけた粘り強い取り組みが求められる。

Ⅱ　子育て家庭環境上の問題を抱えた親・子どもの実際

1　親・家族の子育てとストレスの実際

　前述の「名古屋市子ども条例（仮称）」検討時に行われた子どもアンケート調査で、「あなたは、親からひどく叩かれたことがありますか」の設問に対し、男児は、「2回以上ある」が24.7％で、「1回ある」を含めると35.5％に上る。女児の場合も「2回以上ある」が21.6％で、「1回ある」を含めると34％であった。いずれも、しつけの名の下での体罰が家庭内で行われていることが推察できる。「親から厳しい言葉をかけられたり、冷たい態度をとられたことがあるか」の設問でも35％弱の子どもが「ある」と感じ取っている。

　同保護者アンケート調査で、「子どもをついつい叩いてしまうことがあった」（45.6％）と回答している。後述の児童虐待問題に関連して、「子どものしつけには

体罰が有効」である。あるいは、「親のイライラ・ストレス感がつい暴力的に」行動してしまうのか、考えさせられる数値である。

このストレス感の様子を示す「子育て費用を大変負担に思いますか」の設問に対して、小学生、中学生、高校生の保護者とも、6割以上が「大変負担に思う」「やや負担に思う」と感じている。一番負担に思う費用項目は、「教育費」と「習い事費用」で、小学生、中学生、高校生ともに、8割前後の保護者が負担に思っている実態がある。

なお、幼児を持つ母親に対するアンケート調査（100%：288人）で、「どんな時に、お子さんを叩いたり、叱ったりしましたか」の設問に対して、①駄々をこねた時：53.5%（154人）、②食事の時：40.3%（116人）、③おかたづけをしない時：28.1%（81人）、④子どもが反抗した時：26.7%（77人）、⑤子ども同士で喧嘩した時：25.7%（74人）、⑥夜ぐずったり、夜泣きをした時：12.5%（36人）、⑦おもらし・おねしょをした時：8.3%（24人）、⑧その他：20.5%、⑨不明5.2%、の結果に見られるごとく、子育てにはかなりのストレスがあることを示している。

2　ひとり親家庭の苦悩の実際——母子生活支援施設

『母子家庭白書（平成17年度版）』によれば、母子家庭は2003年に122万5,400世帯となり、5年間で28.3％増加した。母子家庭の1世帯あたりの平均所得金額は233万6,000円で一般世帯589万3,000円、高齢者世帯304万9,000円と比較して極めて低い水準となっている。母子生活支援施設の入所状況を見ると、入所世帯の約4割が「夫などの暴力」といったDV（ドメスティックバイオレンス）に伴う入所であったり、障害のある母親や外国籍の母親が増えている。母子世帯となった理由は、離婚（80%）が圧倒的に多く、次いで未婚の母（6%）となっている。

とくに、若い親や、離婚・別居に伴うひとり親家庭（母子家庭の所得・住まいの確保、父子家庭での乳幼児を養育する能力の限界等）の子育て問題は、暮らしや子育て環境に多くのリスクを背負っているといえる。

また、「子育てに関する意識調査」（こども未来財団、2001年）では、「共働きでない女性の方が子育ての負担感が高い傾向」にあり、「自信喪失感も専業主婦の方が高い（全体の7割）」数値であった。その意味で、専業主婦であっても、子育てには計り知れないプレッシャーやストレスが伴うと考えられる。母親のレスパイト（休息）やリフレッシュ（短期入所）の充実が求められる。具体的には、保育分野にお

第6章 社会的養護を必要とする子ども・家庭の実際

図表6-1 社会的養護にかかわる主な児童福祉施設（2006年10月1日現在）

区分	対象児童	施設数	定員	在所者数
乳児院	乳児（保健上、安定した生活環境の確保その他の理由により特に必要のある場合には、幼児を含む）	120	3,707	3,143
児童養護施設	保護者のない児童、虐待されている児童その他環境上養護を要する児童（安定した生活環境の確保その他の理由により特に必要のある場合には、乳児を含む）	559	33,561	30,764
情緒障害児短期治療施設	軽度の情緒障害を有する児童	31	1,486	1,131
児童自立支援施設	不良行為をなし、又はなすおそれのある児童及び家庭環境その他の環境上の理由により生活指導等を要する児童	58	4,101	1,836
母子生活支援施設	配偶者のない女子又はこれに準ずる事情にある女子及びその監護すべき児童	278	5,410	10,822

（出所）厚生労働省大臣官房統計情報部「平成18年 社会福祉施設等調査報告」2007年

けるファミリーサポートセンター事業[1]や、児童養護分野でのトワイライトステイ[2]、ショートステイ事業[3]などを一体的に実施することが求められる。

同時に、地域社会における連帯性や相互扶助（協働子育て）を活性化させる社会環境全体に視点を置いた子育て支援策が求められる。

Ⅲ 社会的養護を必要とする子どもの実際——乳児院・児童養護施設

社会的養護を必要とする子ども達は、図表6-1のごとく、乳児院・児童養護施設・情緒障害児短期治療施設・児童自立支援施設・母子生活支援施設にて親元を離れ暮らしている。障害を持つ子どもで、被虐待児ケースは、知的障害児・肢体不自由児で措置入所している。また、乳児院・児童養護施設入所以外の選択肢に里親制度があり、被虐待児は、専門里親に委託されることもある。

1 乳児院入所児の実態

全国乳児福祉協議会の「全国乳児院入所状況実態調査（平成14年度）」では、新規入所児童2,769人がおり、その入所理由を見ると、①母親の病気（精神障害や内科系・産婦人科系・外科系疾患、ガン等）が27.16％で最も多く、②虐待あるいは父母の怠惰・養育拒否・遺棄によって保護される場合が17.55％、③母未婚、婚外出産な

どのシングルマザーなどが10.44％、④父・母就労（借金・貧困）で養育できない場合が10.44％、⑤父・母・両親が家出をして児童の養育ができない場合などが6.07％、⑥離婚や別居によるものが4.88％、⑦次子出産による利用が4.37％、その他、母親が家族の病気に付添う場合、父・母・両親の死亡、父・母の出張・研修、冠婚葬祭などで利用する場合、児童自身の障害等の理由となっている。

とくに、0歳児の入所理由では、シングルマザーや母子家庭等、ひとり親家庭の問題、婚外出産や離婚・別居といった家庭崩壊が主要因となっていることから、要養護（保護）児童の発生率の高さにも着目した母子家庭に対する「母子自立支援プログラム策定事業」、「準備講習付き職業訓練の実施」の充実が求められる。

2　児童養護施設等入所児の実態

養護問題発生理由としては、児童養護施設を例に挙げれば、従来、三大理由と言われていた①親の行方不明、②親の入院、③親の離婚であったが、今日では、父母の放任・怠惰、父母の虐待・酷使・養育拒否・棄児といった虐待を主たる理由ケースで27.4％を占めている。虐待の有無別では、62％が被虐待児との全国児童養護施設協議会調査結果に見られる。同様に、児童自立支援施設（国立）に入所した子ども達の場合も60％が被虐待児との報告がされている。

児童養護問題の顕著な例が児童虐待問題である。詳細は後章に譲るとして、旧来の古典的・絶対的貧困に起因する間引き、子殺し、親子心中、子捨て、強制労働、人身売買、戦災孤児、浮浪児といった児童虐待は減少したが、新しい貧困問題、家族病理などに起因する児童虐待は増加（虐待予備軍の表面化）傾向にある。これは社会的要因に規定づけられていることからすれば、程度の差こそあれ特殊な家族の問題ではなく、どこの家庭でも起こりうる可能性があるといえる。

「親の未熟性・家庭内のストレス・家族の閉鎖性」が児童虐待を誘発する三大要因と言われる背景にある家族を取り巻く社会条件にも目を向け、また、子どもの権利を守るべき保育者や教育者、施設職員による体罰問題・マルトリートメント（不適切な養育）[4]が社会問題化しているように、専門職員が真の権利擁護者に育つための意識変革が求められている。

3　障害をもつ子どもの実際

前述の「全国乳児院入所状況実態調査」では、約3割（817人）の乳幼児に、超未

熟児、喘息、アトピー性皮膚炎等の病虚弱児や、知的障害児を含む障害児、被虐待児症候群などの心身の問題を抱えていると報告している。望まれない妊娠問題をはじめ、病虚弱児・障害児等を抱えた家庭・家族にとって、子育て負担は計り知れないものがあると推察できる。

児童相談所における相談内容別受付件数（2004〔平成16〕年度）でも、最も多いのは障害相談で全体の45%を占めている。そのうち知的障害相談が70%を占め、年々増加傾向にある。これは、療育手帳判定等の業務に加え、障害児短期入所事業、相談支援事業の利用など、発達障害[5]支援、地域療育支援体制が整備されてきたことにも起因する。しかし、2006（平成18）年4月施行の障害者自立支援法では、障害により日常生活に不便が生ずる障壁（特別なニーズ）に対し、その福祉サービスを金銭で購入すべきとか、障害者への定率（応益）負担の導入は、障害を自己責任・家族責任に押し付けるもので、社会福祉の理念・原理からも見直す必要がある。

また、知的障害児施設での「短期入所事業由別利用状況」で示される事由の多くは、①家庭内外の用事で外出、②母親の仕事の関係、③きょうだいの用事に参加する、④母親や家族が休養する、⑤見舞い・通院・入院等、⑥母親の健康状態の悪化、⑦生活訓練や宿泊訓練等の順番になっているように、家族との生活を基盤としつつ、地域で安心した暮らしが確保できるよう、地域療育（相談）・発達障害[5]支援サービスのシステム化が重要である。それも、保健所・市町村保健センターとも連携の強化が必要不可欠である。

ここ数年、発達障害者支援法が2004（平成16）年12月、障害者自立支援法は2005（平成17）年11月に成立するなど、障害児・者への法的整備が進められているわが国の障害者観では、障害のある人の権利行使能力を軽視し、障害（理解、コミュニケーション、移動、選択の能力など）ゆえに無視・拒否され続けてきた。障害に対する周囲の理解が乏しいがために、いじめや暴力の犠牲になる事件が多発している。特別なケアを必要とする児童への福祉的・教育的ケアが求められる。

Ⅳ 権利条約下における要保護児童・要支援家庭対策の方向

1989年11月20日に国連が採択した児童の権利に関する条約（以下、権利条約）を日本政府は、1994（平成6）年4月22日に批准し、158番目の締約国となった。そして、同年5月22日、国内でも発効した。当然、国際法としての権利条約の理念・趣

旨は、わが国の児童福祉法の理念及び児童福祉制度・施策に位置付けることを国際的に約束したのである。

　権利条約の基本理念は、「児童の最善の利益」を追求することに尽きる。そして、児童を「権利の享受」の立場から「権利行使」の主体としてとらえたことに画期的な意味がある。

　この権利条約は、まさに国と国との約束事であり、これを最大限に尊重し、守るためにはおとな一人ひとりの自覚が求められると同時に、児童の基本的人権が奪われないような法整備が求められる。

1　子どもの権利意識と親・家族（保護者）の子育て意識

　前述の「名古屋市子ども条例（仮称）」検討時の子どもアンケート調査で、「次のような子どもの権利の中で、とくに今、ふだんの生活の中で守られていない、満たされていないと思う権利は何だと思いますか（複数回答）」の設問に対し、①暴力やことば、態度で傷つけられないこと（31.4％）、②子どもの意見を尊重して、学校が運営され、校則の決定がおこなわれること（30.0％）、③学校でわかりやすく教えてもらい、理解できるペースで学ぶこと（28.5％）、④家庭の（経済）事情を心配せずに、行きたい高校・大学・専門学校へ進学できること（24.7％）、⑤自分の意見をきちんと言えること（24.5％）、⑥自分の秘密にしておきたいものを、かってにのぞかれたり、さわられたりしないこと（21.6％）、⑦男の子と女の子の違いで差別されないこと（19.9％）、⑧子どもらしく休んだり、自由に遊んだりすること（18.6％）、⑨出身国・はだの色の違いや障害のあるなしで差別されないこと（17.7％）、⑩やりたいスポーツ、音楽・美術、趣味に取り組めること（17.3％）、⑪ほっとできる自分の居場所があること（16.6％）、⑫考えや信じることの自由が守られ、自分らしく考えを育むことができること（14.4％）、⑬自由にグループをつくり、集まれること（10.6％）、⑭転勤や経済・家庭的事情などがあっても、両親・兄弟と一緒に暮らせること（7.5％）、⑮その他（4.8％）という結果であった。

　なお、保護者アンケートでは、「家庭の（経済）事情を心配せずに、進学できること」が44.9％で最も高い数値であった。

　しかし、同保護者アンケート調査で、「子どもの権利条約を知っているか」に対し、「自分で条約文を読んだことがある」のは7.5％、「どんなものか、少し知っている」が25.9％で、合せて33.4％となった。反対に、「ぜんぜん知らない」が28.1％

であった。我が国が権利条約を批准して十数年経たにもかかわらず、30％弱の保護者が全く知らない現実に対し、広報義務のある政府の対応の遅れを指摘せざるをえない。

2 児童家庭福祉・支援の方向

　社会保障審議会児童部会は、「児童虐待の防止等に関する専門委員会」報告書（2003〔平成15〕年6月）と、「社会的養護のあり方に関する専門委員会」報告書（2003年10月）を相次いで提出している。その一方で、子育て支援関連法（2003年）として、児童福祉法の一部改正、少子化社会対策基本法、次世代育成支援対策推進法を成立させてきた。この報告書及び子育て支援関連法に、今後の児童家庭福祉の方向が示されている。ただし、子育て支援事業等の規定にしても、「必要な措置の実施に努めるものとすること」という努力規定であり、実施責任・費用支弁に関する義務規定には至っていないのが実情である。

　児童虐待関係では、①発生予防から虐待を受けた子どもの自立に至るまでの切れ目ない支援、②「待ちの支援」から要支援家庭への「積極的なアプローチによる支援」、③家族再統合や家族の養育機能の再生・強化を目指した子どものみならず親を含めた家庭への支援、④虐待防止ネットワークの形成など市町村における取り組みの強化への枠組み（取り組み）を提示している。

　社会的養護関係では、①社会的養護の役割は、子どもの権利擁護を基本とし、子どもの安全・安心な生活を確保するにとどまらず、心の傷を抱えた子どもなどに必要な心身のケアや治療を行い、その子どもの社会的自立までを支援すること。

　そのためには、②子どもを中心におきながら、家族の再統合や、家族や地域の養育機能の再生・強化といった親も含めた家族や地域に対する支援も、社会的養護本来の役割として担っていくことが必要としている。③こうした認識の下、当面の具体的取組として、ⓐより家庭的な生活環境を可能とするケア形態の小規模化、ⓑケア担当職員をはじめとした職員の質・量の充実、ⓒケアに関する児童福祉施設の創意工夫を促す仕組みの導入、ⓓケアの連続性に配慮した乳児院・児童養護施設の年齢要件の見直し、ⓔ自立期も含めた里親の活用促進に向け、里親の心身両面での負担軽減の仕組みや里親の責任の明確化、ⓕ年長児童の自立に向けた自立援助ホームの拡充や施設退所後の相談・助言、更には生活拠点の確保や就労への支援、ⓖ最適な支援のための子どもや家族の実態把握・評価（アセスメント）の充実、ⓗ里親と

施設、児童相談所等と施設の協働、⑤家族再統合等に向けた家族（親）への支援・指導、といった取り組みの方向性を提示している。今後の法的整備に期待したいものである。

おわりに

「少子化社会対策大綱に基づく重点施策の具体的実施について」（子ども・子育て応援プラン）の重点課題には、これまでの保育事業中心から、①若者の自立とたくましい子どもの育ち、②仕事と家庭の両立支援と働き方の見直し、③生命の大切さ、家庭の役割等についての理解、④子育ての新たな支え合いと連帯、の4本柱を掲げている。

これまでの児童福祉は、児童相談所や児童養護施設などを中心に行ってきた「養育困難家庭や虐待を受けた子どもの保護・自立支援などのいわゆる要保護児童対策（社会的養護）」といった狭義の解釈から、市町村を実施主体として行ってきた「仕事と子育ての両立を支援する保育対策」などの、要支援家庭をはじめ、地域のこども・子育て相談・支援にも積極的に取り組むことが求められている。つまり、次世代育成支援をキーワードに、要保護児童・要支援家庭に対する市町村での取り組みを強化し、地域における子育て支援サービスの質の充実や、子育て相談・支援ネットワーク（要保護児童対策地域協議会）の構築を図ることが求められている。

【注】
(1) ファミリーサポートセンター：市町村が行う事業で、地域で子どもの預かり等の援助を行いたい者と援助を受けたい者からなる会員組織である。援助活動としては、保育所を利用している会員から保育所の送迎等や保育終了後の子どもの預かり、放課後児童クラブ終了後の子どもの預かりなどを行うこと。
(2) トワイライトステイ：保護者の仕事が恒常的に夜間にわたるときに、保護者が帰宅するまでの間（おおむね午後10時まで）、児童を児童養護施設等で夕食・入浴等支援を受けること。
(3) ショートステイ：保護者が疾病などの理由により児童の養育が一時的に困難となった場合の児童および夫の暴力などにより緊急的に保護を必要とする場合の母子等を短期間、施設で保護すること。
(4) マルトリートメント：「18歳未満の子どもに対する、おとな、あるいは行為の適否に

関する判断の可能な年齢の子ども（およそ15歳以上）による①身体的暴力、②不当な扱い、③明らかに不適切な養育、④事故防止への配慮の欠如、⑤言葉による脅かし、⑥性的行為の強要などによって、明らかに危険が予測されたり、子どもが苦痛を受けたり、明らかに心身の問題が生じているような状態」を意味している。
(5) 発達障害：自閉症、アスペルガー症候群その他の広汎性発達障害、学習障害、注意欠陥多動性障害その他これに類する脳機能の障害であってその症状が通常低年齢において発現するものとして政令で定めるものをいう（発達障害者支援法第2条）。

【引用・参考文献】
・厚生統計協会編「国民の福祉の動向」2007年。
・全国乳児福祉協議会「21世紀の乳児院のあり方を考える特別委員会最終報告」2003年。
・第57回全国児童養護施設長研究協議会「大会資料集」。
・全国児童養護施設協議会調査研究部「児童養護施設における自立支援の充実に向けて」2002年。
・社会保障審議会児童部会「児童虐待の防止等に関する専門委員会報告書」2003年。
・社会保障審議会児童部会「社会的養護のあり方に関する専門委員会報告書」2003年。
・神戸賢次編『新選・児童福祉』みらい、2007年。
・神戸賢次・喜多一憲編『新選・児童養護の原理と内容』みらい、2007年。
・名古屋市子ども条例（仮称）検討会「なごや子ども条例の基本的考え方について——提言」2007年。
・名古屋市児童福祉施設あり方検討会「名古屋市における児童福祉施設（乳児院・児童養護施設）のあり方について（中間まとめ）」2008年。

第7章　子どもの幸せを考える
遠藤 ふよ子

I　子どもは社会の宝物

「ママ」　　　　　　　　　　　　　　　　　　　　田中大輔（福島県　3才）[1]
　あのね　ママ
　ボク　どうして生まれてきたのかしってる？
　ボクね　ママにあいたくて
　うまれて　きたんだよ

「パパ」　　　　　　　　　　　　　　　　　　　　平田結美（静岡県　5才）[1]
　パパは　まいにち　かいしゃで
　おすなあそびをしているんだよ
　だって
　おくつに
　すなが　はいってるから　わかるよ
　いまごろ　ママのかおを
　かいているのかなあ

　子どもは一人ひとりが小さな神様である。沖縄に「ゆた（巫女）に問うやか、童神（わらびがみ）に問うり」ということわざがある。「巫女に尋ぬるより、童児に尋ねなさい」という意味である。幼ければ幼いほど、子どもたちの心は純真でより自然に近い存在なのだろう。おとなたちがいつの間にか失ってしまった「命の神秘さ」「直感力」を子どもたちはその魂に抱いているのだと経験的に信じられているのである。あどけなく発する「言葉」のなかに物事の本質を明らかにされることも多い。

私たちおとなは子どもたちをただ幼いというだけで、どこかみくびって粗末にしてはいないだろうか。自分たちもかつて幼かった頃のように子どもは「何でも知っている」そして「わかっている」と思う。

　成長する過程がどうか「幸せ」であってほしいと願い、一人ひとりの小さな神様が純粋な魂を持ち続けられるような社会であることを祈りたい。またそんな社会をおとなたちは作らなければならないと強く思う。

　今日も一人ひとりの子どもたちが、与えられた環境の下で健気に精一杯生きている。

Ⅱ　手をつないでほしい子どもたち

　地下鉄から道路までの長い階段を、小さな体で一生懸命登る幼稚園ぐらいの男の子がいた。自然にそっと手を伸ばして、つかまらせてやりたくなる光景だ。すぐそばにはきちんとした身なりのお母さんがいるので、とてもそんなことはできそうもないけれど、「お母さん、手をつないでやってね」と心のなかでつぶやく。

　ある朝の歩道橋の上、雨が降るなか2歳から3歳程の子どもが傘を必死に持ち風に押されながら歩いていた。その数歩前には、携帯片手に交信中のお母さんらしい女性。「お母さん、子どもが吹き飛ばされそうですよ」またしてもそう思いながら振り返りつつ追い越した。

　これは勤務先の名古屋市覚王山付近でよく見る光景だが、私が住む東濃地区の多治見市でも似たような光景には何度もでくわした。赤信号で停車中、近くの幼稚園へ向かう何組かの親子連れを自分にもそんな頃があったなぁとぼんやりと眺めていた目の前を小走りに駆けていく年長さんらしい男の子。その前をひたすらメールをしながら黙々と歩いている母親の姿に大変驚いた。

　幼児誘拐の事件があちこちで起き、おとなたちが子どもたちの登下校の付き添いを始めていた頃だったので、余計にその無用心さにびっくりしたのだと思う。この様子では母親が振り向いたとき子どもの姿が消えていたとしても全く不思議はないと思える程の親子の距離だったからだ。ただ単に物理的な距離だけではなく母と子の心の距離の方が心配でもあった。

　なぜこのような光景が目に付くようになってしまったのか。私が子育てしている頃は、幼稚園の送り迎えの時幼い弟、妹に手をとられることはあっても、やはり側

第7章　子どもの幸せを考える

には一緒にいたであろうし、声もかけたりはできていて「心ごと」他事に夢中で子どもに注意を向けていないなどということはなかったと思う。

　忙しい毎日の中で幼稚園や保育園に向かう少しの時間だけでも、手をつなぎまわりの風景に季節を感じながら歩くことも大切ではないだろうか。幼い子どもたちにとって幼稚園や保育園という所は、私たちおとなたちの社会と同じく、ただ楽しいばかりの場所ではないであろう。ケンカもあればいじめもあり、人生初の集団生活になじめない子どもだってきっといるはずだ。幼いながらに「行かねばならぬ」と思い、寒い冬の朝も、雨の日も、風の日も小さな足で通っているのだ。せめて園に着くまでの間、小さな手を握り締め「今日も頑張っておいで」と励ましてやってはもらえないだろうか。幼い子どもが一番頼りにしているのは他の誰でもない、両親なのだから。

Ⅲ　絵は心のレントゲン

　故中西芳夫先生[2]との出会いは2004（平成16）年10月の定期研修会である。
　テーマは「投影法の理解　樹木」。
　そのとき受講した参加者の要望は多く翌年には特別講座で「投影法・絵画療法の理解」（6回集中講座）が開講され、その後も継続を希望する参加者のために何らかの方法を計画されるほどの人気の高い内容であった。
　その大きな理由の1つに先生の極めて暖かく慈愛に満ちた人間性があげられる。立派な賞をいくつも受賞され素晴らしい著書も多くちょっと近寄りがたい存在なのだが、あくまでも謙虚で優しく近所の優しいおじいちゃんのような方であった。子どもの描く絵のどんな小さな線や点にも真剣に向き合い膨大な資料のなかからその心の訴える意味を探り当てようとする態度からは物言えぬ幼い魂を愛しむ姿勢がひしひしと伝わってきた。わたしのクライアントも本当にお世話になった。「遠方からたいへんやねー」と心配して伊奈の駅まで奥様と迎えに来てくださり本当にありがたかった。
　お忙しいお体でも残された人生をこの仕事に打ち込める幸せを感謝しておられた。
　もっともっと生きていていただきたかった。そしてみんなの力になっていてもらえたらと残念でならない。先生の人生の最後の数年間ではあるが先生の講義を受けられたこと、優しいお声に触れられたこと、クライエントと向き合うその様子を眼

近にできたこと、そして先生に出会えたことを心から感謝している。これからも私にできることで一生懸命勉強しながら先生から教えていただいたことを大切に役立てていきたいと思う。

「幼児期はもっとも心の傷つきやすい時である。思うように心の中を話伝えることは出来ないが、何もかも無言でキャッチしている。特に親に愛されているか、いないかを皮膚で感じている。この敏感な大事な幼児期に、親の当然やるべきことがなされてないと子どもへの影響はじつに大きなものとなる。

当然やるべきこと、それは決して難しいことではなく誰もができること。赤ちゃんのころの抱っこ、ほほずり、おんぶ、話しかけ、母乳を与えること。つまり基本的なことである」[3]

「今まで子どもにいろいろな問題行動が起きると、先ず問われるのは学校であり、教師の責任であった。そして家庭や親が問われる事はめったに無かった。そのためか親の責任は回避され、不問にされてきたように思う。ここで子にとって親とはなにかということをしっかり考えなければ、子どもの大切な心は育たないと痛感している」[4]

人間として育つ最初の、しかももっとも大切な心の基盤は、親に愛されたその体験から生まれるものであることを肝に銘じたい。

「子どもの心は絵に表れる　絵は心のレントゲンである。

おとなは自分の悩みや気持ちを、ことばを用いてかなり詳しく話すことが出来るが、子どもが思いのまま話す事は難しい。特に幼児や小学校低学年の子どもでは、どのように表現してよいのか分からないのが普通である。まして心の奥の深い悩みなど語ることは出来ない。

しかし、子どもの行動や遊びの中には心の内がふと出てくるものである。そんな時描く絵には、喜びも悲しみも、怒りやSOSも自然に表現され、われわれに語りかけてくるだろう。つまり、その子どもの、その時の心が絵の中に投影されて出てくるのである」[5]

第7章　子どもの幸せを考える

・地域の相談の場として

　自宅でカウンセリングルームを開設している。以前、小学校の児童カウンセラーとして勤務していた経験から地域の中に子育てや家族の問題を相談できる場所は必要なのではないかと考え、勉強を続けながら開いた小さなカウンセリングルームである。ここでも、実際に子育てや家庭の問題に悩む人たちの解決の糸口として描画療法を用いている。

「おとなは自分の悩みを話すことで表現しそれを解消することが出来るが、子どもは遊びを通して欲求不満や不安感、緊張感あるいは恐怖感や攻撃性などを表現する。

　そして抑圧された感情からの解放をはかり、自分を表現し情緒の安定をはかっていく。描画療法では、それを遊びの一つとみなして取り上げ描画活動により自己表現を図る。それを我々が共感し需要、理解することで子どもの悩みは癒されていくのである。

　子どもが描く絵は、こうした意義を考えて単に上手、下手というような表現の技術的な面からだけで評価をしないように注意し、表現活動そのものの意義を大切に考えていくべきである。

　子どもが変化すると絵もまた変化し、絵が変化すれば子どもの心も又変化していくのである」[6]

　中西氏の指摘は、毎日多くの子どもたちと接しその生活を見守る現場である幼稚園、保育園、学校の教師一人ひとりへのメッセージとしてもっともっと自覚され、研究される必要があると考え、ぜひ紹介しておきたかった。

　家庭でも学校でも、私たちおとなが柔らかな魂をもって生まれてきたはずの子どもたちを、もっと理解し愛情を注いで育てたならば子どもたちの問題行動は、その多くが解消するであろう。逆に言えば理解と愛が不足しているからこそ、子どもたちの「反社会的行動」へとつながっているといえよう。貧しくても「安心」して生活できる居場所があり、たとえ成績が良くなくても、たとえスポーツが得意でなくても、愛され決して見捨てられないと思える家庭があれば、子どもは幸福に生活していけるのだと思う。

　日々のそうした積み重ねは、自己肯定感のある人格の基礎となり自尊心を持った

おとなに成長することができるのである。家庭とは人を育てる庭なのだと思う。
　太陽は父であり、夜道を照らす明かりとなる月は母である。花や樹を育てるのは太陽の光であり、愛という慈雨なのだ。戦後60年を経た現在私たちが作ってきた家庭のあり方、社会のあり方の歪みが最も力の弱いものたちの上に悲鳴となって現れ始めたのではないかと思う。
　社会を構成している細胞である一つひとつの家庭の幸せなくして安定した豊かな社会などありえないのだから。
　子育てとは、人格を持った人間を育てることであり、子どもにとって幸せと思える家庭を作ることは実は大変難しく、だからこそまた大変やりがいのある一大事業ではないだろうか。
　2008年3月に連続して起きた茨城県水戸市での通り魔事件、岡山県での列車ホーム突き落とし事件はその後の報道によると容疑者は共に孤独な青年だったようである。犯罪は決して許されるものではないが、もしももっと早い時期に彼らの側に一人でもその心のうちを聞き、親身になってさびしさや不満を共感してやれる人間がいたならこのような大事件には至らなかったのではないかと思えてならない。
　私の所属するNPO（日本教育カウンセリング協会愛知県支部）の特別講座を受講した折から、中西先生の愛にあふれた人物、子どもたちへの慈しみの姿に深く感銘を受け少しでもお役に立てればと勉強を続けてきた。
　前述した児童カウンセラーとして出会った小学校での子どもたちとの思い出の中にも、放課後の相談室で「好きなように描いていいよ」と自由に描いてもらった黒板に、紫色の大きな鯨を描いた少女がいたことを思い出した。
　その頃はまだ中西先生とお会いする前で、この絵が何を表現しているかもわからなかったけれど、今ならその鯨が意味するものがはっきりと理解できる。
　鯨を描いたあの少女は、両親の離婚問題の最中にいた。そして少女が描いた紫の鯨は、深い悩みの色「紫」一色の鯨（母親の姿）であったのだということに改めて気づかされ、「気づいてあげられなくてごめんね」といまさらながら汲み取ってあげられなかった自分の無力さを悔やむ思いで一杯である。
　真に、絵は心のレントゲンであった。

Ⅳ 虐待を考える

　2004年に栃木県小山市で4歳と3歳の兄弟が、同居していた父親の友人から暴行を受けその後川に投げ込まれて死亡した事件があった。あまりにも痛々しい結末を迎えた時、哀しさと同時に無力感を覚えた人は多かったのではないだろうか。私自身もその一人であった。

　同じ時代、同じ時間を日本というこの小さな国で生きていた一人のおとなとして、何ができるのだろうか。事件にあった子どもを想う時、今も胸が締め付けられる思いである。幼い時から母に去られ、父に見捨てられ、おとなたちに裏切られ、それでもただ運命を受け入れて、なすすべもなく死んでいった2人。誰一人、体を張って守り、抱きしめてやれなかった。

　こんな時代に生きる一人のおとなとして、私はやはり行動しないではいられないのである。そして「そんなこともあったね」と忘れてはいけないのだ。

　最後の日に撮られた写真に残る子どもの表情は私たちに何を訴えていたのだろうか……。

・現場の苦しみ
　同じ年の6月、自宅で開設したカウンセリングルームの最初のクライアントは再婚相手からのDVと子どもへの虐待についての相談であった。

　幸いにしてこのケースは市役所へ通報したことにより、その日のうちに一時保護され、短期間での解決となった。しかし、この一連の動きのなかでも相談窓口での事態理解の緩慢さや緊張感のなさには本当に驚いた。虐待の通報者であるカウンセラーが、窓口関係者に半日以上事態の深刻さを説明しなければならなかったのである。

　小山市での事件でも、関連機関が全く機能せずに最悪の結果を招いたのであろう。とはいっても、何かをしなければいられなかった私は近くの児童相談所に飛び込んだ。

　予約もとらず突然訪れた一市民に対して、児童相談所の担当者は予想に反して、大変丁寧に応対してくれた。

　「本当によく来てくださった。実は私たちもこの事件の行方を息を潜めて見守っ

ていました。今、あまりの悲惨さに衝撃を受けています。無力感というか暗澹とした おもいで、なんとか仕事をしている状態なんです。こうやって来てくださって本当にうれしいです」と相談室に招き入れてくださり、その後2時間率直な話し合いをすることができた。現場も苦しんでいるのだということをひしひしと感じた。

さらに、児童福祉士である担当者は「里親制度」についても言及し、今すぐにでも引き取りたい赤ちゃんや居場所のない子どもたちがたくさんいること。しかし、一時保護所も児童養護施設もいっぱいで、受け入れられず「危なくなったらすぐ逃げなさいよ」とやむなく家に帰らせているという状況も語ってくれた。施設も大舎制がほとんどで、個室もない。「僕が可哀想だと思うのは、勉強がよくできて進学したくても経済的な事情で難しいこと、受験勉強したくても共同生活の限界があり、道が閉ざされてしまうことが多い。能力のある子なのに本当に残念に思います。公の奨学金制度を設けたり、医学部を目指す子には将来地元に戻ってくれる条件をつけて、学資を援助するなどの方法も考えてほしい。本当にアイディアはいろいろと浮かぶのですが現実には様々な制度や法律の不備で、具体的な動きにはならないのです」日々現場で向かい合う「家族」「子ども」の現状と施設の限界の中で、悩み苦悶する担当者の言葉だけに大変心を打たれた。

帰り際「市民の方々が何らかの動きを起こしてくださることが大きな力になると思います。一緒に頑張りましょう。」と約束して別れた。

あれからあっという間に5年が過ぎたが、現状は改善どころかますます虐待の通報は増加し心中事件や家族間の複雑な事件も増え続けている。

・虐待の定義

子どもの虐待「チャイルド・アビューズ」とは、子どもの養育に責任を持つおとなの子どもに対する不適切な行動や態度の総称で、具体的には、①ネグレクト（養育拒否）、②身体的虐待、③性的虐待、④心理的虐待があげられる。これらの親の行動は暴力があろうがなかろうが、子どもの自己肯定感を傷つける虐待そのものである。

子どもは社会的存在であり子ども達を心身ともに健康に育てることは将来の安定した社会が保障できることにつながる。虐待を社会的損失として捕らえる視点を持つことが必要である。

第 7 章　子どもの幸せを考える

・アメリカの制度に学ぶ

　1960年代〜1974年に連邦法として制定（カリフォルニア州ロサンゼルス郡〔虐待対策の最も進んだ地域〕全米で唯一の虐待事件専門審理裁判所〔チルドレンズ・コート〕設置）された児童家庭局DCFS（Department of children and family service's）は子どもの人権保障と子供の最善利益（Our best interest is children's well being）を謳っている。実の親でなくても子どもがいかに落ちついた、安全な家庭環境で成長発達できること、それを社会が保障していく重要性に基づいたものである。

　アメリカにおける通告義務とは医療・福祉・教育関係者＝子どもに関わる専門職、写真を現像する写真関係の人などに義務付けられており、怠った場合ライセンスの剥奪、刑事罰が科せられる。またホットライン24H体勢（ソーシャルワーカーがいつでも駆けつける体勢）もある。

　具体的には親が面会を拒否する場合、礼状なしで家に入ることができ虐待罪が適用される。ソーシャルワーカーの判断が優先され、3日以内に危険の有無等、家族の指導、即座に親子分離をして子どもを緊急シェルターに保護できる等、今後日本においても大変参考になる体制が整備されており、学ぶべき点が多いと思う。

　アメリカが虐待対策を重視してきた背景として、虐待された子どもをそのままにし何のケアもされなかった場合、そのことが原因で反社会的な行動が起きたらそちらの対策のほうが遥かに高いコストを払うことになるという認識が基礎となっている。

　アメリカの制度から日本が学ぶべきは、通告をしなかった場合ライセンス剥奪などのペナルティを課す点である。もし虐待でなかった場合でも、免責制度が制定されていることにより、非常に通告しやすくなる。日本は「親権」が強調され、子どもの権利が重視されていない。「子どもの最善利益」こそが優先される方向へ転換されなければならない。

　「子どもを保護するのは国の責任であるだけには留まらず、全てのおとなの責任である。」

・虐待はみんなの問題

　「自分が虐待していなくても、虐待を放って置けば自分の子や孫が、虐待によって生み出される暴力や犯罪が蔓延する社会で生きることになる。虐待はみんなの問題だ」[7]。日本では2000（平成12）年11月20日「児童虐待防止法」が制定された。

図表 7-1　児童虐待防止法の概要

	主な内容
虐待の定義	(1) 身体的な暴力、 (2) わいせつな行為、 (3) 著しい食事制限や放置、 (4) 心理的外傷を与える言動
早期発見・通告義務	教師、医師等は虐待の早期発見に努め、発見した場合は速やかに児童相談所に通告せねばならない。守秘義務は免除される。
立ち入り調査と警察官の援助	虐待の恐れがある時は児童相談所が児童の自宅に立ち入り調査できる。その際警察官の援助を要請できる。
面会・通信の制限	児童相談所長は、養護施設に入所させた子どもに親の面会や通信を制限できる。

　最も重要な点は、立ち入り調査権の強化である。

　「親権」が優先する現状では、虐待を受けている子どもとの面会を親が拒否すればそれ以上立ち入ることはできない。「会えないこと」を重大な事態と規定するアメリカの調査権とは根本的な相違がある。2009年度からはさらに立ち入り調査権が強化されたが、実際には個々の事件の現場では有効に執行されず、幼い子どもが衰弱死した例は記憶に新しい。

・社会的な体制づくりが不可欠

　私達は虐待報道がある度に、児童相談所や関係機関の責任を問題にしがちであるが、もっと根本的な対策も必要である。虐待の連鎖を断ち、虐待のない社会を作るためにも、子育て支援、個別の親へのカウンセリングや家族療法、さらには一時保護所や児童養護施設のあり方、里親制度を含めての社会的な体制作りが急務であると思う。

　なぜ親が虐待をしてしまうのかを、心理的に解明しその親の生育暦にまでさかのぼってその原因を明らかにする必要がある。実際に虐待をする親の半分以上のケースにおいて、幼少時からの被虐体験がみられる。虐待を受けた体験は、心のトラウマとなり自己肯定感の乏しさ、フラッシュバックさらには多重人格まで引き起こすとされる。成長して結婚し子どもを持った場合にも「わが子を愛せない」「子に嫉妬する」などの育児不安に苦しむ人は多い。

　何世代にもわたって引き継がれる虐待の連鎖を止めるためにも、より専門的な知識を持った人材を育て支援を行う体勢を整える必要がある。

第 7 章　子どもの幸せを考える

・支援の現場において
　ある現場で過去において何らかの虐待を受けていた例で彼らに共通している点があった。「はなはだしいコミュニケーション能力の乏しさ」「自己肯定感の不足」「人間不信」「挫折感」これらのことが原因で、社会との不適応を引き起こしている。

　さらに共通して、「生きる目的をなくし、安定した家庭もなく、多くの場合一人暮らしである→心身ともに不調をきたす→自立できない→生活保護」この繰り返しとなる場合が多い。それにしても、劣悪な環境の下でも精一杯努力し優秀な成績を得たにも関わらず、道を閉ざされた人のなんと多いことか。「子どもは親を選べない」「健全な家庭に生まれていれば」と無念に思う。

V　子どもを取り巻く文化の意味

・孤独の文化
「『今の若者は、人間関係を結ぶのが苦手』という表層的理解の底には、人が共にいられる土台の衰弱という事態が横たわっている。そういう世界の中にいることを確証できず得心できない……。そうやって互いに深く隔てられた共存なき孤立が、社会的孤立の本体ではないだろうか。

　空気を読み、こまめに関係をつなぐのは共にいることの出来る地盤が失われているからなのだ。固体化された消費文化環境もまた、こうした制度環境と親和的であり誰もが自分にとって、お気に入りの世界を誂えられる。

　構造改革時代のそうした社会文化環境がつまるところ、基層部分での社会形成を困難にしたのである。言葉の最も正しく深い意味で社会が解体されたと言ってもよい。自分を社会の中に位置づけられない、困難不安はこの現実に対する正直で正常な反応と見るべきなのである」[8]
「基層レベルで社会をなりたたせる為の文化について私達は取り立てて意識せずに済ませてきた。社会的孤立感、抑うつ感の強さという点でも諸外国に比べ、現代日本の青少年は際立っている。日本の中学生の孤独感が、きわめて高いことを示したユニセフ調査をはじめ、この種のデータには事欠かない。小学校高学年で、すでに抑圧感が広がっているとの報告や、悩み事を誰にも話さない子どもの存在など孤立して生きる青少年の姿が様々に指摘されている」[8]

・地域の一員として生きることの意味

　地域に固有のお祭りや行事があって、季節の折節を感じられる子どもたちは幸せだと思う。私は、岐阜県郡上市美並町で育った。長良川沿いの郡上最南端の地域である。友釣りで名高い鮎の産地であり、「日本のへそ」地点を誇った町でもある。

　この地域では、春を迎える頃「山の講」という行事がある。小学校低学年から中学生の男子だけが参加できる祭りである。ある種男子の通過儀礼でもあり、年長者が年下の者の面倒を見たりするなかで、仲間意識を育てる意味もある。山村での重要な産業である山仕事の無事を山の神様にお願いするという人々の暮らしに根付いた行事である。

　夜、子どもたちは家々の戸をたたき、お米に餅、お菓子、お金、野菜などをもらい集会所に持ち帰る。皆で同じものを食べ、分けられるものは分け、一夜を共にする。彼らには、重要な役割があって明け方、「さんまい」という場所で「山の講の初穂♪」と唄いながら山の神様に貢物を捧げ、どんど焼きをするのである。これは一切が子どもだけの行事であり、大将が全てを取り仕切る。現在もまだ継続しているとは思うが、子どもの数が少なくなったりしていて存続が危ぶまれているのであれば、大変残念に思う。

　「初午」は村はずれの神社で女子どもたちが中心になっての行事である。はっきり覚えているのは、まん丸の小豆飯のおにぎりが子どもたち一人ひとりに2つずつ配られることで、それをもらうために急いで下校したものである。「これは○○ちゃんの分よ」と手渡されるおにぎりは、もうすっかり冷たくなっていたがなんだか、たくさんのおとなたちや神様に守られているような気がしたことを覚えている。

　他にも、春の桜吹雪の中で行われる集落のお祭り。子どもは舞を覚えるために毎晩集会所に通いおとなから手ほどきを受ける。優しいなかにも厳しさがあり、伝統を伝える風景は笛や太鼓の音色と共に懐かしい思い出である。子どもたちも地域の行事の中で、なくてはならない役割を担いながら子ども心に責任と誇りを感じていたのではないだろうか。

　翻って、現代の子どもたちに何があるのだろうか。独自の力で地域力を作り出している一部の地域を除いて多くの新興住宅地に象徴される、なんの歴史的拠り所もなく交流も少ない核家族の集団から始まった地域にこそ、そこに住む人々の心の拠り所が必要なのではないだろうか。

・文化を作り出すこと

　地域の文化、行事はその場所に自然発生的に生まれたものではなく、昔の人々が日々の貧しい暮らしの中から豊作への願い、子孫繁栄の願い、何よりも日々を生きる中で明日への希望を繋いでいく道しるべとして、人々の手により生み出されてきたものである。

　自然に感謝し家族の無事を祈り、代々の繁栄を祈る謙虚な思いの伝承、ともに培ってきた祈りや楽しみの伝承。今こそ作り出していけるよう、おとなたちが情熱や志を持たねばと思う。

　一人では生きられない人間だからこそ、個人で完結しているはずのバーチャルの世界においてさえ「真の友情」「真の愛情」を追い求めているのではないだろうか。「インターネットは世界とつながっている」という商業主義に先導された時代の価値観に導かれ、怪しげなサイトで無差別につながっていく「さびしいおとな」「さびしい子どもたち」が大量生産されているといっても過言ではない。

　あり余る情報の海の中に掴まるものもなく、どこへともなく流され続ける私たちはどこにたどり着けるのだろうか。幼児からおとなまで日々の文化の拠点、世界が四角い箱のテレビ、パソコン、携帯電話だけであっていいはずはない。家庭的孤独、社会的孤独、存在そのものへの孤独。現代の日本という環境の下で三重苦のなかに子どもたちがいる。たった一人で、風にさらされている多くの子どもたちの寂しげな顔が頭をよぎるのだ。

　津々浦々まで浸透している商業主義文化に負けない、魅力的な地域文化の創造が今こそ必要である。季節の行事をはじめ、子どもたちがのびのび遊べる、空間と時間。「駄菓子屋さん」のような、ささやかな子どもたちの息抜きの場所も含めて、子どもの成長をみんなで助け見守るような新しいアイディアを取り入れた独自の文化を生み出そうではないか。

　地域そのものが、多様な価値観を持つ人々の集まりであり、時にはくい違いも起こるであろう。だが、交流を持ち続ければかつて人々が暮らしのなかから現代に伝わる地域の祭りや文化を作り上げていったように、きっと何かは生まれるはずである。

　この論文をまとめている間にも、各地で家族間の殺傷事件や孤独な青年達が引き起こす事件が相次いだ。格差社会、福祉の後退、教育現場の荒廃、環境問題そして食の問題など不安なことだらけである。しかし現在の日本の社会は、間違いなく私

たちおとなが作った社会なのである。今を生き、次の時代を生きる子どもたちのために、何ができるのかあらゆる角度から共に考えていきたいと思う。

【注】
(1) 川崎洋編『おひさまのかけら「子どもの詩」20年の精選集』（中央公論新社）より。
(2) 中西芳夫……名古屋市立小学校校長を歴任。前名古屋市教育センター特殊教育部嘱託。中日教育相談所長、名古屋市熱田区生涯学習センター子育て相談員、臨床心理士歴任。中日教育賞（1975〔昭和50〕年）、文部大臣賞（特殊教育振興功労、1998〔平成10〕年）を受賞されている。「一般学級における問題児の指導について」（論文）愛知県教育委員会報、『絵でわかる子どもの心』、『人物画診断辞典』、『絵で診る心のサイン』、『絵で診る心のSOS』、同・韓国語訳版等を出版された。
(3) 中西芳夫『お母さんわたしの絵を見て！』（日本経営協会総合研究所）201ページ。
(4) 同上書、206、207ページ。
(5) 同上書、15ページ。
(6) 同上書、27ページ。
(7) ヴィンセント・フォンタナ（アメリカで虐待問題に関わる医師）。
(8) 中西新太郎（横浜国立大学教授）「社会への出にくさとは何か」『教育』2007年2月号。

【引用・参考文献】
・中西芳夫『お母さんわたしの絵を見て！』日本経営協会総合研究所、1999年。
・中西芳夫『人物画診断事典』中日出版本社、1985年。
・三沢直子『殺意を描く子どもたち』学陽書房、1998年。
・斉藤学『家族はこわい』新潮文庫、2000年。
・金子龍太郎『傷ついた命を育む――虐待の連鎖を防ぐ新たな社会的擁護』誠信書房、2004年。

第二部

子どもが育つ地域づくり

講演会・シンポジウム

講演会 シンポジウム

子どもが育つ地域づくり

第一部講演 13:00〜
「人間になれない子どもたち」著者
チャイルドライン支援センター 代表理事
清川輝基 氏

第二部講演 14:30〜
「携帯電話」は子どもたちを豊かにしたのか?
NHK国際放送局 チーフプロデューサー 小宮山康朗 氏

シンポジウム 15:00〜
地域の子育ち環境を考える
愛知県児童総合センター センター長　田嶋 茂典 氏
NHK国際放送局 チーフプロデューサー　小宮山康朗 氏
愛知東邦大学人間学部 教授　矢藤誠慈郎 氏

[コーディネーター]
愛知東邦大学人間学部 教授　古市久子

2007.11.15(木) 13:00〜16:30
名古屋ガーデンパレス　入場料/無料
名古屋市中区錦3丁目11-3　TEL.052-957-1022
後援:愛知県教育委員会、名古屋市教育委員会

愛知東邦大学
● 経営学部／地域ビジネス学科
● 人間学部／人間健康学科
　　　　　　子ども発達学科

お問合せ
お申込み先
愛知東邦大学 地域創造研究所
〒465-8515 名古屋市名東区平和が丘3-11
TEL. 052-782-1241 (受付時間 月〜金 9:00〜18:00)
FAX. 052-781-0931　kenkyujo@aichi-toho.ac.jp

第8章　講演「人間になれない子どもたち」

チャイルドライン支援センター 代表理事
NPO 子どもとメディア 代表理事／清川 輝基 氏

　皆さんこんにちは。私は、今から41年前の1966年に福岡で「福岡子ども劇場」という地域の子育て運動を始めました。この子ども劇場はその後、全国に広がってきました。また、1999年からは牟田悌三さんといっしょに、「チャイルドライン」という、悩んだり、寂しがったり、苦しんだりしている子どもたちの声を電話で受け止める社会システムをスタートさせました。今では全国34都道府県に普及しています。そして、5年前には「人間になれない子どもたち」というタイトルの本を書きました。こうした仕事はNPOという非営利活動の団体でやってきましたが、本業はNHKで番組を作っていました。

　本業では、1978年にNHK特集「警告!!子どもの身体はむしばまれている！」という、日本の子どもの体の発達状態を調べた番組を作りました。その翌年には、「何が子どもを死に追いやるのか」という不登校や自殺や家庭内暴力といった、子どもの心の悩み、闇を問題にしたNHK特集を作りました。現役時代の最後は、NHK放送文化研究所で子どもとメディアの関係を科学的、実証的に調査し、明らかにする仕事をしていました。今も研究アドバイザーという形で、子どもとメディアの研究プロジェクトに関わり続けています。

　今の日本の子どもたちの状況は、愛知県でもそうですが、50年前とは違う生き物と言ってもいいくらいに、発達レベルが低下しています。

　原因はいくつか挙げられますが、まず環境の変化があります。いわゆる物理的な環境、自然環境です。子どもが裸足で駆け回れる空間は、1955年を1とするとこの50年間に100分の1に減らされました。大人たちが、空き地に工場やマンションを建て、舗装工事をして車を通し、護岸工事をして川を遊泳禁止にし、里山を削って新しい住宅団地を建てることを進めた結果、子どもたちの発達環境はきわめて悲惨なものになりました。

　次に、今日のもう1つのテーマである地域社会の変化です。この50年間に産業構造が大きく変わったために、人口移動が激しくなったり、男たちが地域から消えた

りしました。そうしたなかで地域社会は崩壊していったのです。

　さらに、文化環境の変化ということです。今まで子どもの社会には子どもの文化がありましたが、それが壊滅的に消えて、その代わりにメディア文化と呼ばれるものが子どもを支配するようになりました。テレビ、ビデオ、テレビゲーム、パソコン、携帯電話といった電子映像メディアが、子どもたちの発達に非常に大きなマイナスの影響を与えています。46の国と地域を網羅した国際調査の結果、電子映像メディアへの接触時間は、日本の子どもたちが世界一長いことが明らかになっています。

　さらに、人類の歴史で行われたことがない人体実験を、今、日本の大人は子どもに対してやり始めています。それは、乳幼児期から徹底的に電子映像メディアに接触させて育てるというものです。2004年4月に岡山で開催された小児科学会で初めて子どもとメディアの問題が取りあげられ、アメリカから招待されたストラスバーガーという小児科学の専門家が次のように発言しました。「子どもをテレビ、ビデオに接触させることの安全性と有効性は、これまで世界のどの国でも、ただの一度も証明されたことがありません。」ましてやテレビゲーム、携帯電話、パソコンを子どもに接触させることの安全性は、それを売り出しているゲーム機メーカーやパソコンメーカー、携帯電話メーカーは研究をしたことさえありません。そういうものをひたすら子どもに与え続け、売りまくっている国が日本という国です。

　北海道でミートホープという会社が食品偽造を行い、大問題になりましたが、食べる人や使う人がどうなろうと知ったことではないというのが、作る側や売る側の論理です。それはメディアも同じです。ゲーム機、パソコン、携帯電話、ビデオソフトを製造したり、販売している会社は、それが子どもの脳にどんな影響を与えるのか、研究さえしたことがない。それが日本です。そして、その結果が日本の子どもたちを圧倒的にメディア漬けにしているのです。

　文部科学省が編集・発行する月刊誌『初等教育資料』の平成17年4月号の冒頭論文で、初等中等教育局の常盤課長は、「日本の子どもたちはテレビ、ビデオを見る時間が世界一長い」という国際調査の結果を明らかにしています。これは、私がNHK放送文化研究所で世界に例のない研究プロジェクトを立ち上げざるを得なかった理由です。日本の子どもたちは0歳、1歳、2歳という極めて早い時期からテレビやビデオを見せられています。脳の神経回路ができあがっていく時期にメディア漬けにするという危険なことを平然とやった結果、どういう状況が起きるのかと

写真 8-1　清川 輝基 氏

清川 輝基 氏 プロフィール
1942 年生まれ。東京大学教育学部教育行政科卒業。NHK に入社。社会報道ディレクターとして「新日本紀行」「ニュースセンター 9 時」「NHK 特集」などを担当。「警告!! 子どものからだは蝕まれている!」など、話題の教育問題を多く手がけた。現在、「チャイルドライン支援センター」代表理事。「NPO 子どもとメディア」代表理事。

いうことを、科学的に明らかにするのは、世界の中で日本が一番ふさわしいわけです。

　私たちは川崎市で 2002 年に生まれた 0 歳児 1,300 人を、12 年間追うという研究プロジェクトを立ち上げました。子どもたちは 0 歳で始めましたが、今、4 歳になっています。今日はその結果を細かく申し上げる余裕もありませんし、その段階でもありません。ただ、日本の子どもたちが、世界に例のない、人類史にない人体実験を受けながら育っている状況のなかで、今、どうなっているのかを簡単に申し上げます。

　学生生徒の自殺は 1978 年から警察庁が統計を取り始めていますが、今が史上最高です。そして、不登校は子どもの数が減っていますので、実数は上下がありますが、不登校率は史上最高です。経済的理由あるいは病気による長期欠席と、いわゆる不登校の数が逆転したのは 1978 年ですが、それ以来、ずっと不登校率は高くなり続けています。また、北海道大学の子どもの鬱の調査では、中学 1 年生の鬱病は 1 割を越えています。北部九州の幼稚園、保育園の調査では、切れる子と言われる幼児はこの 5 年間で 2 倍に増えています。私の住む長野県もそうですが、東京都などの調査では、2000 年から 5 年間で小学校入学段階で特別支援が必要な子ども、あるいは軽度発達障害と言われる子どもの数は 2 倍に増えています。からだも育っていない、脳もおかしくなっている、言葉の力も付いていない、そういう多面的な発

達不全を第4の発達障害と言っていますが、そういう子どもが増えています。こうした状況を「子どもの劣化」と呼ぶ人がいますが、とにかく史上最悪の育ちと言っていいくらいです。

　私が今日、問題にしようとしている電子映像メディアというのは、1953年に日本に登場しました。テレビです。テレビが急速に普及したのは60年代で、これ以前に生まれた子どもたちと、これ以降に生まれた子どもたちは、電子映像に対する感覚がまったく違います。生まれたときから茶の間にテレビがある子どもたちを「テレビ第1世代」と呼んでいますが、その頃の子どもたちが30歳になり、自分の子どもを持つようになった90年代から日本の子育ては急激に変化します。特に95年くらいからは、子育てが大きく変わり、子どもがおかしくなっていきます。家庭ではテレビに加え、83年にはゲームが売り出され、80年代後半にはビデオが普及し、90年代になるとパソコンと携帯電話が周囲にあふれるようになります。

　原っぱで大きい子も小さい子もいっしょになって駆け回っていた頃は、子どもたちはからだと言葉を使いながら成長していました。ところが、室内で電子映像メディアに向き合う時間が圧倒的に長くなっていくと、子どもたちは身体も使わなければ、言葉も発しない生活になっていきます。人と人とがコミュニケーションをとるためには言葉の力が大切ですが、一流大学を出て一流企業に入る若者も、犯罪を犯して刑務所に入る若者も、日本語の力がまともに育っていません。言語形成期と言われる小学校低学年までにどれだけ言葉を発したかで言葉の力は決まってきますが、応答性のない電子映像メディアとの接触の中では、そうした言葉の力は育つわけがありません。日本の子どもの半分以上が、1日平均6時間もメディア接触をしていると言います。年間にすると2,200時間です。小中学校の年間総授業時間は50分授業を1時間とカウントして1,100時間ぐらいですから、いかに日本の子どもたちが長時間にわたってメディア接触をしながら過ごしているかが分かります。

　その結果、多くの子どもたちの発達の状態が明らかにおかしくなっていますが、突出した部分では、平然と親を殺すということがあります。北海道では30万円を友達に渡して親を殺してくれと頼み、福島の会津若松ではゲーム漬けで学校に行かないことを注意された進学校の男子生徒が、母親の寝首をかきました。静岡では進学校に通っていた女子高生が母親にタリウムを飲ませて、死に行く様をブログで発信しました。あるいは奈良県では、進学校に通っていた兄が、成績が下がるのを注意されるのが嫌で、母親と弟、妹が2階に寝ている家に火を付けて焼き殺しました。

第 8 章　講演「人間になれない子どもたち」　　　　　　　　　　107

　例を上げればキリがないのですが、この子たちはみんな 90 年代生まれです。日本の親が変わり始めたハシリの時期の子どもたちが起こした事件です。
　では、親たちの方はどうでしょうか。日本で虐待の統計が取られ始めたのは 1990 年からですが、2005 年までの 15 年間に 30 倍になり、それ以降も増え続けています。虐待するのは、どこの地域でも 62% 程度が実の母親で、22、23% が実の父親です。子ども期にテレビで育ち、ゲームが普及した 85 年に小学 4 年生だった子どもが 32 歳になり、子育て期に突入して、虐待が急激に増えているのです。子どもが切れることと、親が子どもを虐待することには、同じ背景があるということをぜひお分かりいただきたいと思います。
　こうしたなかで、家庭はどうかというと、家庭の教育力はなくなったと言われます。家庭は以前は生産の単位でした。親の背中を見て子どもは育つというように、家庭には非常に豊かな教育力がありました。しかし、現在の家庭の 9 割近くは、生産ではなく、消費の単位となっています。消費の単位では、新聞を読むのも、パソコンに向き合うのも、食べ物を食べるのも、おとなも子どもも同格です。親子が同格の家庭に、教育力などあるはずがありません。
　子育ての共同性と言われた地域の教育力が廃れ、家庭・家族の教育力がなくなり、子どもたちは強烈なメディアの影響を受けて育っているというのが、この国の 50 年の変化なわけです。子どものからだの発達や運動能力の低下傾向は、1985 年をピークにもう 22 年にも渡って続いています。応答性のない電子映像メディアに黙々と向かっている子ども期の生活は、からだの発達もさることながら、言語の発達に重大な影響を及ぼします。裸足で駆け回る空間が圧倒的に減らされて、家の中でテレビを見る、ゲームをする、携帯でメールを打つという生活の中で、子どもの健全な発達などあろうはずがありません。
　問題は脳です。先日、文部科学省は全国一斉学力テストを久しぶりに行いましたが、テレビを 2 時間以下しか見ない子どもと、2 時間以上見る子どもははっきりと学力差があることが明らかになりました。テレビゲームやインターネットを多くやればやるほど学力は低いことも明らかになりました。メディア接触が成績と関係あることは、教師たちは経験的にわかっていましたし、ゲームにはまりやすかったり、切れやすいことも、ある程度、分かっていました。しかし、なぜそうなのかが科学的に解明されつつあります。
　これは人間の脳を横からみた映像です。額のすぐ後にあるのが前頭前野と呼ばれ

る部分です。この前頭前野は感情や欲望を制御したり、相手を思いやったり、未来を予測したりする、人間らしい心の動きや高度な思考活動を司ることが分かっています。

では脳のさまざまな働きが出来上がっていく子ども期に、長時間、電子映像メディアに接触すると、子どもの脳はどんなことが起きるのでしょうか。日本大学文理学部の森昭雄教授の研究室では、128本の電極を頭につけて、それぞれの場所の脳の働きを500分の1秒単位で測定する研究が行われています。これまでの研究で、長時間電子映像メディアに接触すると、感情や欲望をコントロールする前頭前野の働きやワーキングメモリーと呼ばれる脳の働きが低下してしまうことがわかってきました。

同じ手と目を使う動作をしていても、ゲームをしているときの脳はほとんど動きませんが、文章を手で書いているときは、活発に動いています。特に前頭前野の部分が活発に動いているのが、一目瞭然でわかります。同じようなことは、本物のホタルを見たときと、アニメでホタルの映像を見たときでも言えます。辞書で漢字を引いたときも、活字の辞書と電子辞書では同じようなことが起こります。人間の記憶には短期記憶と長期記憶があり、まず短期記憶のところに入り、重要なものは長期記憶に落ちていくという記憶の構造がありますが、電子映像を見ているときは短期記憶を司るワーキングメモリーという脳の働きがほとんど機能しません。電子辞書で単語を引いて覚えたつもりでも、3、4日たつとまた引かなければならないとか、パソコンの画面を見ていてもほとんど記憶に残らないというのは、こうしたことからです。

子どもが長時間電子映像メディアに接触していると、脳の復帰が行われにくくなります。しかも、乳幼児期から長時間の接触をすると、脳の機能が復帰しないという現象が起こることが、だんだんわかってきました。成績が落ちるのはそういうことだったのか、なるほど納得という形で受け止められるようになっています。

とにかく日本の子どもたちの状況は、史上最悪です。しかも、世界一長いメディア接触が0歳、1歳、2歳から行われているということです。そのことが子どもの心の育ち、脳の育ち、身体の育ち、言葉の力の育ちに、極めてマイナスに影響しているということはお分かりいただけたかと思います。今の小さい子どもに大切なことは、いろいろな体験をすることです。自然の蛍を観賞するとか、川遊びをするなど、たくさんの体験をすることが大切だろうと思っています。外遊びでの体験が

電子機器での体験より、もっと子どもの脳にとっていい影響を与えると思っています。

　私どもNPO子どもとメディアは9年ぐらい前から文部科学省から助成を受け、子どもとメディアについて調査・研究をするなどの、活動を行っています。今からご覧いただくビデオは、「子どもが危ない。メディア漬けが子どもをむしばむ」というタイトルで、2年ほど前に作りました。実は、1本目の啓発ビデオでは2歳まではテレビを消そうということを幼児教育の現場の人に伝えたいと思ったのですが、乳幼児期だけでなく、学校現場からもそうしたビデオの要望が非常に多くありました。そこで、子どもが授業でも見られ、教職員やPTAの研修にも使えるようなものをということで、「子どもが危ない」という2本目のビデオを作りました。これを見ていただきたいと思います。

> **ビデオ「子どもが危ない」**（要旨抜粋）
> 　0歳、1歳という乳幼児期からテレビ、ビデオを見せられ、小学生、中学生になると、携帯電話、パソコンに長時間接触する日本の子どもたち。その結果、睡眠や食事などの生活リズムは大きく乱れ、体や心、コミュニケーション能力の発達は危機的状態となっています。子どもたちのメディア接触時間を見ると、平日6時間以上という子どもが小中学生の4分の1もいるのです。休日になると、そうしたメディア接触時間はさらに長くなります。高知県の小学6年生のある男の子は、平日は学校やスポーツ少年団の活動もあってメディア接触は2時間15分に留まっていますが、休日になると13時間15分と、平日の5倍以上となります。起きてから寝るまで、メディア接触の時間が空いているのは、わずかに30分、お風呂に入っているときだけです。
> 　テレビゲームに加えて、パソコンによるネットゲームやチャット、携帯にはまる子どもたちも増えています。そうした子どもたちは、1日十数時間、ろくに歩くこともしないで、孤独に機械と向き合っています。身体や心、言葉の力を育てる大事な子ども期に、メディア漬けの生活を続けるとどうなるのか、人体実験の結果はすでにさまざまな形で現れています。（講演内容と重複）
> 　ただ、そうした状況に危機感を抱き、地域ぐるみ、あるいは学校ぐるみでノーテレビ運動に取り組んでいるところもあります。
> 　茨城県東海村、人口3万5,000人のこの村で、毎週土曜日にノーテレビ運動

が始まったのは、2004年4月でした。その少し前の2004年2月、日本小児科医会は子どもとメディアに関する提言を発表し、メディア漬けで育つ子どもたちの心身の発達の遅れやゆがみに警鐘をならしました。身体や脳だけでなく、睡眠や食生活の乱れへの影響も、東京都養護教諭研究会などから指摘されています。

　鳥取県中部にある温泉の町、三朝町。人口7,500人のこの町でも2004年9月から4つの保育園、3つの小学校、1つの中学校と、町をあげてのノーテレビ運動が始まりました。子どもたちは家族と話し合って、複数のコースの中から、食事中はテレビを見ない、夜9時以降は見ない、1日に2時間以内にする、帰宅後はノーテレビ、1日中ノーメディアで過ごすなど、チャレンジメニューを選びます。この運動を始めて三朝中学校は、全県の学力テストで郡内トップの成績を収めるようになりました。親たちからは、テレビを消すことで子どもの様子がよく見えるようになった、テレビ・ビデオに子守りをさせていたのは親たちだったなどの気づきの声が出ています。そして、保育園児や小学校低学年の子どもたちは、親と触れあえるノーテレビデーを楽しみにするようになりました。

　ノーメディアに取り組んでいる学校と取り組んでいない学校では、子どもたちのメディア接触時間に明確な差があります。取り組んでいる学校では、平日のテレビ・ビデオの接触時間が2時間未満という子は多くなっていますし、休日に6時間以上という子が少ないだけでなく、2時間未満という短時間接触児もはっきりと多くなっているのです。

　テレビ漬けやゲーム漬けになりがちな山間部の町でも、ノーテレビ運動に取り組んでいます。出雲大社の南にある島根県雲南市の山間にある久野地区の入口には、「テレビのスイッチオフにして、家族のふれあいオンにしよう」という看板が設置されています。久野小学校では、毎月、1日から7日までをノーテレビウィークと決め、その1週間は小学生のいる家の玄関や軒先には子どもたちが作ったノーテレビフラッグが掲げられます。そうして地区の人々にもノーテレビを宣言するのです。この運動を支えているのは、久野地区のおとなたちです。冬は竹スキー作りに挑戦したり、夏は沢登りを体験しながらサンショウウオなどの自然観察をしたり、秋は渋柿をむいての干し柿づくり、山でコブシの種を拾って苗木づくり、ちまきづくりや餅つきなど、ノーテレビの取

り組みは子どもたちに地区の大人とともに豊かな体験活動の時間を見いだしました。ノーテレビにチャレンジしたことで、久野小学校の子どもたちのメディア接触時間は、わずか半年でそれまでの3分の1に激減しました。そして、表情が豊かになり、態度が落ち着き、笑い声が聞かれなかった子からも笑い声が聞こえるようになってきたそうです。

久野小学校5年生のA君の家では、テレビが大好きなおじいちゃんやおばあちゃんも協力し、家族ぐるみでノーテレビに取り組んでいます。最初の頃は慣れなくて大変だったそうですが、今は見なくても平気になってきたようです。最近はゲームをしていることがほとんどなくなり、土曜日の午後は必ずお友達のところへ遊びに行きます。外で遊ぶ時間もノーテレビデーによって増えたそうです。

文部科学省は、2006年4月から早寝、早起き、朝ご飯の大運動を始めました。しかし、子どもたちの早寝、早起き、朝ご飯を妨げているのは、世界一長いと言われるメディア漬けの生活です。日本の子どもたちがメディア漬けの生活からどう抜け出すか。決して大げさではなく、このことに日本の未来がかかっているのです。（ビデオ終了）

このビデオでは足の発達について触れていませんので、追加してお話します。私が1978年、今から29年前に「子どものからだは蝕まれている」という番組で調査をしたときは、東京工業大学の平沢弥一郎教授が日本の子どもたちの足を調べていました。今、大阪大学の生田香明教授が子どもの足を調べています。30年を隔てて日本の子どもたちの足がどうなったかというと、直立したときの重心の位置が2.6％、後ろにいっています。足の指が浮いているということです。これは、高齢者の足の状態です。30年前の高齢者の足が、今、日本の子どもたちの足になっている。だから、よく転ぶし、転んだときに顔から落ちていくのです。裸足で駆け回れる空間が激減し、室内でテレビを見たり、ゲームをしているなかで、人生80年間、自分の身体を支える足が育っていない。50年後の日本は、確実に車椅子の人が増えるし、転んで骨折する人はめちゃくちゃ増えます。そのことが日本の未来の福祉医療費をどれだけ押し上げるか、ちょっと考えていただければと思います。周りにお孫さんやお子さんがいらっしゃったら、足に水をつけて、新聞や広告の紙の上に立たせてみてください。足の指10本全部がちゃんと地面を押す状態になっている

でしょうか。人間としての基本的な、歩く、走る、立つ、そして高齢になってもちゃんと歩ける足が育っていないんですから、この国の将来はどういうことになるのか心配です。

　筋肉も使わなければ絶対に発達しません。出来上がった筋肉でさえ、入院すると衰えていきます。自分の背骨を支える腹筋や背筋を作る時期に、テレビやパソコンに向き合っていたらどうなるか。子どもたちの背筋力の低下傾向はひどいものです。長野県の高校3年生のデータでは、1967年から30年間に背筋力を体重で割った背筋力指数が男子は2.65から2.10へ、女子は1.79から1.39へ落ちています。しかも、文部科学省は背筋力調査をすると腰を痛める子が続出するという理由で、1997年を最後に調査を中止しました。今は、日本の中学生のほぼ半数の女の子は、妊娠したときに腹筋や腰の筋肉が弱いために、お腹の赤ちゃんを支えることすら危ない、と産婦人科のお医者さんは言っています。自分で産んだ赤ちゃんを抱いて、腰痛が起きたり、ぎっくり腰が起きたり、年老いた親を介護しようとして、子どもの方が崩れ落ちる可能性もあります。そういうレベルにしか腹筋や背筋が育っていない。筋肉は18歳、19歳ぐらいがピークで、それまでに一生分の背骨を支える筋肉を育てておかなければ、人間として仕事もできなければ、介護も育児もできないのですが。

　視力も深刻です。東京都の高校1年生は、1989（平成元）年には半分以上がすでに裸眼視力1.0ありませんでした。しかし2005（平成17）年には女子の73.9％、男子の66.4％と、ほぼ7割前後が裸眼視力1.0ないという状態です。特に2002（平成14）年からは急激に視力悪化が進んでいます。単なる視力低下だけでなく、左右の視力差が0.3以上ある、つまり立体視力が育っていない子どもが増えています。立体視力が育たず、距離感がつかめないために、ドッジボールをすると突き指をする、バレーボールやソフトボールを顔で受ける、グランドで正面衝突をする、階段を踏み外す、ものが飛んできてもよけられないといった具合です。視力も子ども期にどんどん発達しますが、その時期に平面画面を見る時間が長いと、利き目で見ることに慣れてしまい、反対の目は開いていても実質的に使っていないのです。人間の能力は脳の神経回路も、筋肉も、視力もそうですが、使ったものは発達しますが、使わないものは発達しないために、左右の視力差が生じ、立体視ができないということが今、起きているのです。

　言葉の能力も深刻です。応答性のないメディアに1日十何時間も接触していると、

第8章 講演「人間になれない子どもたち」

言葉を発することがありませんが、言語能力は言葉を発することによってしか発達しません。その時間が長くなればなるほど、言語能力の発達レベルは低く留まります。だから、言葉でコミュニケーションができない。子どもの自殺や30代の鬱が大きな社会問題になっていますが、言葉でコミュニケーションがとれないと人間関係がおかしくなってくるということです。幼児期や小学校低学年に言葉の力が育っていないと、カッとなったら、けとばす、ひっかく、かみつくなど、欲望や感情を制御することができません。もっと年齢が大きくなると、攻撃する体力だけは付いているので、棒でたたく、ナイフで刺す、包丁で斬りかかる、毒薬を飲ませる、お金を払って殺させる、火をつけて焼き殺す。つまり、表現が言語ではなく、そういうものに変わっていく。欲望を制御できませんから、人のものを欲しがって強奪したり、性欲もコントロールできず、集団強姦などをしてしまう。そうした犯罪を犯したら自分の人生にどんなことが起こるか、少し考えれば分かるはずなのに、欲望を制御できないどころか、自分の未来を予見できない。そんな脳にしか育っていないということです。日本は今、少年刑務所、医療少年院、少年鑑別所は定員の140％で、これ以上入れられないという状態になっています。つまり、メディア接触はいろいろな形での子どもたちの育ちに影響し、人間として基本的な機能に影響を与えるレベルになってきたということです。

　この国の最大の問題、「子どもがまともに育つ地域づくり」というのが今日はテーマですが、家庭にも学校にも子どもを育てる力がありません。そうするとどこが育てるのか。それは地域の高齢者やいろいろな人たちが、子どもたちとどう向き合うかです。つまり、テレビを見ない、ゲームをしない、パソコンに向き合っていない時間にどこで何をして過ごすのかが大切です。その場所をおとなたちが奪い続けてきました。東京都はようやく去年（2006年）の4月から小中学校のすべてのグランドを生芝にするという方針を立てて、今、着々と進めています。つまり、子どもたちがテレビやゲームやパソコンに向き合わず、裸足で駆け回れる場所をもう一度、取り戻すということです。

　子どもがまともに育つためには場所と時間が必要です。それをおとなたちがどう確保するか。今、日本の国が滅びるかどうかのギリギリのところに来ていると私は思っています。このまま放置すれば、子どもの5％がネット中毒になります。日本より先にIT化を進めた韓国では、10代、20代、30代の18％、400万人を越える若者が治療を要するネット中毒状態です。つまり、学校にも行かなければ、職場に

も行かない若者の問題が、最大の社会問題になっています。ただ、韓国は徴兵制がありますから、ゲームやパソコンから切り離すことができますが、日本はありません。そうすると、パソコン中毒、ネット中毒になった若者たちを誰が面倒を見て、どう矯正していくのか。ネット中毒患者はまもなく日本でも100万人を越えます。子どもの数が減っているだけでなく、働かず、税金を納めない若者の比率はどんどん増えていく。地球上の歴史で、メソポタミア、インカ、エジプト、ローマなど、いろいろな文明が栄え、滅びてきました。日本は80年代、「21世紀は日本の世紀だ」と言われました。でも、今は世界一長いメディア接触のなかで、子どもの発達は史上最悪になり、日本を滅ぼそうとしているのです。

　今、赤ちゃんにおっぱいを飲ませながら、テレビやビデオやDVDを見たり、メールを打っている母親が激増しています。一昨年（2005年）の我々の調査では、7割の親がそういうことをしていました。それがどんなに危険かということを簡単に2つだけ言います。1つは、9年前にポケモン事件というのがあったことをご記憶だと思います。テレビでポケモンの漫画を見ていた子ども700人が気絶し、1万人が病院に行きました。それくらい強烈な光と音の刺激と電磁波が出ているということです。赤ちゃんの授乳期は、シナプス形成期と言われ、脳の神経回路が出来上がっていく非常に大事な時期です。昔の人はそのことを経験で分かっていて、三つ子の魂百までと言いました。その大切な時期に、テレビを見たり、メールをしながら授乳するということは、自分の子どもの脳に光と音の刺激、電磁波の刺激を浴びせ続けているということです。

　2つ目は、赤ちゃんが母親の乳首をくわえて母親の顔を見るなかで、子どもの親への愛着と親の子どもへの愛着が形成されるということです。人間の赤ちゃんの視力は25～30センチのところから焦点が合います。自分の命を確保してくれたお母さんへ感謝と信頼のアイコンタクトを送るために、人間の赤ちゃんの視力は、乳首をくわえた状態からお母さんの目までの距離、つまり25～30センチのところからスタートします。ところが、赤ちゃんは信頼と感謝のアイコンタクトをしているのに、母親がテレビや携帯を見ているということは、拒絶していることになります。人生の第一歩、一番大事な時期に、もっとも感謝し、信頼したい人へのアイコンタクトを拒絶された赤ちゃんは、どんな人格になってしまうのか。

　そういう実験をしながら、日本の子どもたちは育てられています。その結果が、親から子への虐待や、子どもが平気で親を殺すことにつながっています。パチンコ

やゲームセンターに行っている間、子どもを車に放置し、子どもが死ぬという事件が毎年起きます。それを虐待という人は多いでしょうが、自分の子どもにテレビやゲーム機を与えっぱなしにして、声もかけなければ、顔色も見ない。子どもが手足をバタバタしているのに対して、何の応答もしない。それを虐待と考える人は、この国ではあまりいません。ヨーロッパやアメリカではそういうふうに子どもを放置したら、決定的に虐待だと言われますが、日本の親たちは平気です。ゲームやパソコン世代の若いパパたちは、会社から帰ってきて、子どもの顔なんか見向きもしないで、いきなりパソコンの前に座り、ネットゲームやチャットをします。こういう親たちが子育てをしていれば、今、育っている子どもたちはもっとひどい状態が起きることは、目に見えています。

　子育てが大きく変わってきた90年代の後半、95年ぐらいに生まれた子どもが学校に行き始めたのが01年です。01年から05年までに小学校に上がる段階で、特別支援が必要、あるいは軽度発達障害の子どもは、2倍から3倍に増えています。つまり、結果が小学校に上がる前に出はじめているのです。この子たちが思春期を迎える10数年後、この国ではとんでもない状態が間違いなく起こるということが子どもの育ちから見えている。そういう意味では、ギリギリのところに来ています。子どもが育つ地域づくりを考えるうえで、脱メディアの時間と場所を地域社会のおとなたちがどう作るのか。そのことが非常に大きな意味をもつのだということをお分かりいただき、お話し合いや対策を考えていただければと思います。どうもありがとうございました。

第9章　講演「子どもの環境とケータイ」
NHKチーフ・プロデューサー／小宮山 康朗 氏

司会　これからご紹介する小宮山さんはNHKのチーフ・プロデューサーですが、今日は個人としてお招きをしております。小宮山さんは現在、NHKの国際放送局のチーフ・プロデューサーで、主に英語の放送づくりをご担当になっていますが、その前に清川さんと同じNHKの放送文化研究所においでになりまして、「携帯電話は子どもたちを豊かにしたのか？」というテーマで、超大な詳しい調査をもとにしたレポートを出されました。今日はそれをもとにご講演をお願いいたしましたが、今日の演題は「子どもの環境と携帯電話」というテーマでお話をいただきます。それではどうぞよろしくお願いいたします。

小宮山　私は少し前、NHKの名古屋放送局におりまして、2001年3月まで、毎週土曜日の朝、NHKテレビを通じて名古屋の皆さんにお目にかかっておりました。従ってきょうは非常に懐かしい気持ちで参りました。

　私はその当時から携帯電話に強い関心を持っておりまして、何度もレポートをして参りました。もう10年以上前から取り上げてきたことになります。

　私は、いま、「子どもの携帯電話」という問題は、ますます、現代社会における大変なテーマになってきていると考えています。

　さて、まず、皆さんにお尋ね致します。「キッズケータイ」というものをご存じの方、触れたことがあるという方はどれくらいいらっしゃいますか。

　キッズケータイは、その名の通り、「子ども用の携帯電話」として売られている商品です。防犯ブザー機能が付いている、子どもの居場所を知らせてくれる、緊急連絡機能も搭載しているなど「安全・安心の携帯電話」として売り込まれています。「小学生にぴったりの携帯」「小学生のお子様におすすめ」などとパンフレットには書かれています。

　フタを開けると、かわいいキャラクターが出てきます（画像を提示）。

　さて、このキッズケータイを手にした小学生、どういう情報環境を楽しめること

になるでしょうか。ほんのちょっとボタンを操作してみます。

　そうすると……、操作しているうちに……、（画像を提示）このように「無料アダルト女優」なる画面が出てきてしまうのです。アダルト的な画面は、まだ色々と出てきます。

　こういうものがキッズケータイからいとも簡単に出てくるのです。

　皆さん、「小学生用」として売られている携帯電話です。「小学生におすすめ」として売られている商品です。「安全・安心の携帯」と謳われている商品です。そう謳われている商品から、こんないかがわしい画像や情報がどんどん出てくるのです。「『お子様に安心のケータイ』なんてウソじゃないか」。――そう思いませんか。「安全安心偽装携帯」と言う研究者もいます。そう言われても当然かもしれない状況があるわけです。私たちは、今「情報社会」にいるといわれています。「情報社会」にいるのであれば、まずこういう「情報」を知ることから始めなければなりません。

　さて、子どもたちが置かれている「ネット環境」をもう少し見てみます。

　小中学生に大人気といわれる「ふみコミュニティ」というサイトをご存知でしょうか。

　ごく普通の「子ども用お遊びサイト」のようですが、この中にどういう世界があると想像されますか。ここから2006年10月、長野で何が起きたかご存じでしょうか？……誘拐事件です。ここの「メル友募集サイト」で、小学生の女の子が、未成年になりすました男と知り合い、誘拐されたという事件です。

　一見、「楽しい子どものお遊びサイト」と見えても、これが「出会い系サイト的」に使われている。このことも私たちは知らなければなりません。

　「高校とーく」というサイトも、中高校生に大人気のサイトです。ここから「全国メル友版」というポータルサイトに行けます。ここにも、子どもたちがどんどん入ってきています。「中高生の掲示板」をクリックしてみます。すると、そこには、……（画像を提示）このように女の子が男を誘うようなメールが載っています。こんなものにすぐに行き当たる。女の子がはっきりと性的な関係を誘っているものもあります。

　さらに、プロフ（プロフィールの略）と呼ばれる子どもたちが自分の自己紹介をするサイトがあります。ここで自己紹介しているこの女子高生のプロフを見ますと……（画像を提示）このようにこのメッセージは、もう、「私は性を売る存在です」

第 9 章　講演「子どもの環境とケータイ」

写真 9-1　小宮山 康朗 氏

小宮山 康朗 氏 プロフィール
1977 年、NHK 入局。報道局経済部記者、ニューヨーク特派員などを歴任。
1995 年より、NHK「おはよう日本」経済キャスター。
1999 年より、NHK 名古屋放送局「ウィークエンド中部」経済キャスター。
2004 年より、NHK 放送文化研究所主任研究員として、子どもの携帯電話問題を調査・研究。「携帯電話は子どもたちを豊かにしたのか？」を発表。各地で子どものケータイ・ネット問題について発表。
2007 年より、NHK 国際放送局チーフ・プロデューサー。

というものでしかない。そう思わざるをえないようなものです。

　現代の日本の子どもたちはこのような「情報環境」の中にいる。さらに子どもたちはそうした中から恐るべき情報を日本から世界に向けて発信している。──これがケータイ・ネットの現実の姿です。

　さて、次に、いくつかの数字を挙げてその数字に関する問題について考えてみたいと思います。

・「子ども累計約7,000人」……この数字は何でしょう？

　これは、2000年以来、出会い系サイト被害にあった子どもの数です。警察が扱った事件ですが、これだけで相当な数です。それでも氷山の一角に過ぎないと言われています。と申しますのも、例えば、今まで私がお見せした「子どもたちが出会いを持ったり誘ったりしていたサイト」は、法律上は「いわゆる出会い系サイト」ではないからです。子どもたちによる様々な危険な出会いの多くは実は「出会い系サイト」とは別の所で行われている。だからこの数字は氷山の一角と言われる。これも頭に入れて頂きたいと思います。

・「年間24万6,000件。5年前の46倍」……この数字は何でしょうか。

　全国の消費生活センターで受けた子どものネット被害に関わる相談件数です。激増しています。この中には、ワンクリック詐欺や、個人情報被害なども含まれます。

ネットの中にはケータイを使った「いじめ」が溢れています。今、毎日のように起きています。生徒によるケータイを使ったいじめ問題に対応された高校の先生に取材をしたことがありますが、とにかく対応に大変なご苦労をされていらっしゃる。

　最近でも、中学生の女の子が同級生から衣服をまくり上げるように言われて、ケータイで写真を撮られ、ケータイ・ネットを通じて多数にその画像を流されるという事件がありました。暴行画面を動画で撮り、仲間から仲間へ、友達から友達へと流していったという事件も起きています。こうしたいじめ事件は、もはや「いじめ」というより、脅迫、暴力行為、名誉毀損など、れっきとした犯罪です。

・「中高教師の54％」……この数字はどうでしょう。

　携帯電話によるいじめを懸念していらっしゃる先生方の割合です。

　9月には神戸の有名男子校で、ケータイによるいじめで追い詰められた生徒の自殺が明るみに出ました。

　「ケータイによるいじめ」というのはこれまでのいじめとまったく違います。まず、親や教師に非常にわかりにくい。動画も撮れて多数の人間にどんどん送信できるので被害が増幅される。また動画などがネット上に一度流れてしまうと、もう未来永劫、自分の被害画像を取り戻せません。「二度と元に戻らない損失」となるのが携帯被害の大きな特徴なのです。

・「男子高校生の49.4％」……何を示す数字でしょう？

　最近の警察庁のデータです。ネット上で猥せつ画像を見たことがある、と答えている男子高校生が49.4％いるというものです。

　「ポルノ雑誌など昔からあったじゃないか」。そうおっしゃる方もいます。しかし、それは間違った認識です。今現在、ネットを通じて提供される「ポルノ環境」は、少し前の時代のポルノ雑誌等の比ではないからです。そうした過去の現実と比較せず、「昔もあった」などというのは大雑把な一般論、非現実的な議論であると申せましょう。

　さて、ここで、携帯電話についてこれまでしばしば多くの人々によって言われてきた議論について振り返ってみたいと思います。「ケータイ文化論」なるものです。

　まず、第一が、「子ども・若者トレンドリーダー」論です。

　「ケータイを持った子どもや若者は、流行のトレンドリーダーだ」「ケータイ持った子どもや若者が時代を変革していく」。そんなコメントで、ケータイを使ってい

る子どもたちを「持ち上げる」議論です。
　第二は、「携帯を悪者にするな」論。
　「新しくて、便利で、面白い『ケータイ』を悪く言うのは許せない」というものです。携帯電話に関わる問題点を指摘すると、「時代遅れの携帯悪者論者」などというレッテルを貼られることもあります。
　第三は「携帯損害免疫論」です。「このIT時代、子どもはネット上の悪い環境に慣れさせる方がよい」「無菌室に閉じ込めるな」、といった議論です。「ネットの悪い環境で免疫を付けさせてこそ子どもはたくましく育つ」などとさえ言われてきました。
　しかし、そうでしょうか。例えば、小学生に動画のセックスシーンを見せることで免疫を付けさせるべきだというのでしょうか。自殺へのお誘いサイトを子どもが自由に見る環境に置いて免疫をつけさせるのでしょうか。さらには、ジャーナリズムとは縁もゆかりもない残酷な死体写真や動画を見せて免疫を付けさせるとでも言うのでしょうか。
　「無菌室に閉じ込めるな」「免疫をつけさせろ」というのはあまりにも乱暴な一般論としか思われません。
　もうひとつあります。「ケータイ損害限定論」。
　「子どものケータイ被害は大したことではない。ごく一部の問題に過ぎない」といった議論です。
　これについては、先ほど私が、まさにいくつかの数字を挙げて参りました。子どもの携帯電話の購入・所持に伴って発生している被害・加害の広がりや深刻さはもはや明らかです。これらの数字を挙げただけでも、子どもたちや社会が受けている損害は「ごく一部の話だ」「大したことはない」などという議論を展開することは非常に難しくなるでしょう。子どもたちの広範囲・深刻な生活破壊は「新たな環境問題」の様相を呈しているのです。環境経済学的に言えば「新たな『社会的損失』問題」と申せましょう。
　「大したことはない」と言い続けることは、むしろ、社会をこうした損害への真摯な対応に向かわせず、対策を遅らせてしまう。さらには無責任な「損害肯定論」にすらなってしまうということがおわかり頂けると思います。
　それでも、まだ、根強く残る議論があります。「自己責任論」です。
　「どの商品にもメリット、デメリットがある。『ケータイ』も刃物や自動車と同じ

だ」「使い方を間違えるから、問題に巻き込まれる。要は消費者の使い方の問題だ」「損害は自己責任で処理すべきものだ」「IT・ケータイ・ネットについて不勉強な親が悪い」。——こういった議論です。だから、携帯関連企業としては「出前授業も致します。消費者の皆さん、あなたの自己責任を果たすためもっと勉強してくださいよ」などと言われます。

　この「ケータイも刃物や自動車と同じ」という「自己責任論」をどのようにお考えでしょうか。「事実」から考えてみます。

　まず、刃物です。銃刀法22条で、刃渡り16センチ以上の刃物を屋外に「携帯」することは禁止されています。「小さい子どもには自由に使わせない」という社会的コンセンサスがこの商品については確立しています。

　銃は、日本では所持が厳しく規制されています。銃刀法3条で所持には許可がいります。5条では18歳未満は所持そのものが禁止されています。

　3番目に自動車です。環境経済学で自動車の環境問題とその規制・制度の歴史について講義をしたら、おそらく1年間では足りないくらいたっぷり講義が出来るでしょう。自動車は、交通事故、公害、大気汚染、地球温暖化など、さまざまな環境問題を引き起こしてきた。20世紀における環境経済学のテーマがまさに「自動車問題」であったと言えるでしょう。そして、こんにち、自動車には、その使用者、商品そのもの・システム等にさまざまな規制がはりめぐらされています。免許制度があり、子どもの運転は禁止されています。環境問題に関しては、近年でも、危険運転致死罪の創設や黒煙排ガス規制の強化など、生活者を守るためのさまざまな規制や制度が確立されて参りました。「それでもまだまだ足りない」と被害者の方はおっしゃいます。「自動車は自己責任で使え」といった一般論は、もはや自動車の世界では全く相手にもされない議論と言えるでしょう。「自己責任論」というのは、非現実的な一般論であり、むしろ損害の責任を消費者だけに負わせたいという心情や立場を擁護するものにもなりかねない危険性をもつものであるということが、このような他の商品との比較からお分かり頂けると思うわけです。

　問題は「単純な自己責任でない」。——とすれば、どう考えていったらよいのか。ここできょうのテーマ、「子どもが育つための地域」との関連が特に出てきます。

　東京で育った私の子どもの頃を振り返りましても、少し前の時代の社会では、家庭では保護者が、地域では地域の知っている人たちが子どもたちのまわりに大勢いて、子どもはその保護に守られてきたということがありました。「知らないおじさ

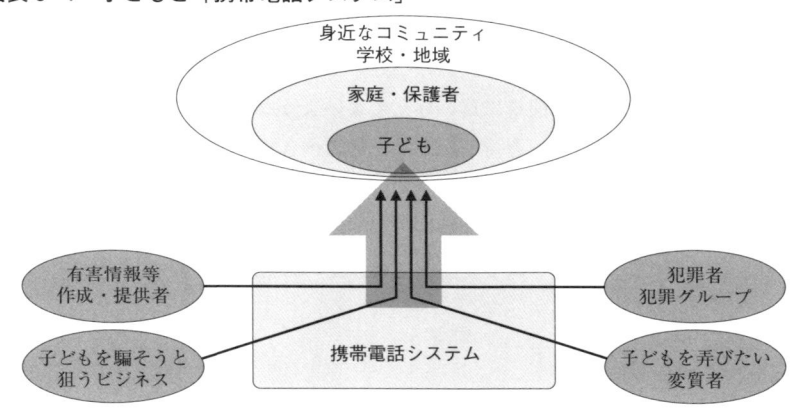

図表 9-1　子どもと「携帯電話システム」

```
        身近なコミュニティ
         学校・地域
         家庭・保護者
           子ども
             ↑
   有害情報等        犯罪者
   作成・提供者      犯罪グループ
        ┌─────────────┐
        │ 携帯電話システム │
        └─────────────┘
   子どもを騙そうと    子どもを弄びたい
   狙うビジネス      変質者
```

んに付いていってはいけないよ」「盛り場に一人で行ってはダメだよ」などと言われ、近くの本屋さんでアダルト的な写真が掲載されている週刊誌を立ち読みしていれば、本屋のおじさんに「はたき」をかけられて「子どもがこんなものを読んではいけないよ」と注意される。そんな「環境」があったわけです。そしておとなたちの目の届く身近な地域の中で泥んこになって多彩な遊びを展開するといった「地域の遊び環境」がありました。「大人たちが君たちを守っているんだよ」という「身近なコミュニティの力」が確かに機能していたのです。

　これに対して、子どもが携帯電話を持つとどうなるでしょうか。図9-1をご参照ください。

　「携帯電話システム」を通じて子どもは簡単に外部の「見知らぬ他者」と直接つながります。家庭や保護者、身近な地域コミュニティを通り越して「有害情報提供者」「子どもを騙そうと狙うビジネス」「犯罪者や犯罪グループ」「子どもを弄びたい変質者」などと直接結びついてしまう。これが「携帯電話システム」です。「知らないおじさんについて行ってはいけない」と言っても、ついて行ってしまうわけです。「盛り場に一人で勝手に行ってはいけない」と言ってもその環境に簡単に行けてしまうわけです。防犯パトロールで見守っていても、地域の人たちが何も知らないうちにどこかに行ってしまうわけです。家庭や地域コミュニティの保護システムを破壊する。子どもを愛し守ろうとする親や地域の人たちの愛情や努力を「無能力化」する。そうしたことをいとも簡単に許してしまう。――「携帯電話システ

ム」とはそういった商品・サービス・経済のシステムであるということです。

　子どもの携帯電話に関するこうした機能を「ダイレクトコミュニケーションの機能」と呼んでいる研究者もいます。あの小さいケータイは、おもちゃのように見えても実はおもちゃのように簡単に買い与えてよいようなものでは決してない。途方もない化け物のようなパワーを持った商品、恐るべき破壊力を持った経済システムが提供されているのだということをわたくしたちは知らなければならないのです。

　こうした状況に対して、「では、地域としてはどうしたらいいのか？」。これについては、この後のシンポジウムで展開して参りたいと思います。

第10章　シンポジウム「地域の子育ち環境を考える」

(コーディネーター)愛知東邦大学 人間学部子ども発達学科 学科長／古市 久子
愛知県児童総合センター センター長／田嶋 茂典 氏
NHKチーフ・プロデューサー／小宮山 康朗 氏
愛知東邦大学 人間学部子ども発達学科／矢藤 誠慈郎

司会　シンポジウム「地域の子育ち環境を考える」を始めさせていただきます。最初に壇上の皆様のご紹介をさせていただきたいと思います。まず、私どもに今年(2007年)から開設しました人間学部子ども発達学科学科長の古市久子教授です。今日はコーディネーターをお願いしております。そのお隣りが愛知県児童総合センターセンター長の田嶋茂典さんです。新しいスタイルの児童施設を長年企画・運営してきた方です。その次が、先ほどご講演(第9章参照)をお願いいたしましたNHKの小宮山康朗さんです。それから、同じく私どもの人間学部子ども発達学科の矢藤誠慈郎教授です。子どもの問題の専門家です。これらの方々に今から「地域の子育ち環境を考える」というテーマでご討論をお願いしたいと思います。では、古市教授にコーディネーターをお任せいたしますので、よろしくお願いいたします。

古市　素晴らしいご講演を2つ聞かせていただきました。この台に上っています者は、4分の1世紀ぐらい年齢差がございます。私が産まれましたときも「子どもは宝物」というふうに育ちました。おそらくそれは普遍的な考えであろうし、これからもそうであろう、永遠のテーマということになりましょうか。しかし、最近は子どもを含む困った状況というのがいろいろと出て参りました。清川先生のお話にありましたように、地域、家庭ではもはや教育力が落ちた、その代わりにメディアの影響力が非常に大きくなったというお話でした。それから、小宮山様からはそのメディアの恐ろしさを伺いました。私たちは何をしたらいいのだろうかと、その前に立ちすくんでいる状況です。それでも何とかしたい、何とかしなければという気持ちがこのシンポジウムを立ち上げることになりました。今日は若い学生諸君も来ています。学生諸君を含む私たちが、これからの日本をしっかりと考えていかなければならないのです。そのキーを「地域」ということにしました。今日はそのことを根底にしながら、3人のパネリストにお話をまず伺いたいと思います。最初に地域で子どもの遊び場づくりをしておられます田嶋さんからお話を伺いたいと思います。

地域で子どもの遊び場づくりを

田嶋　愛知県児童総合センターの田嶋と申します。愛知県児童総合センターをご存じでしょうか？　今から11年前、1996年7月、当時の「愛知青少年公園」の中に、愛知県の児童健全育成の中核施設として設立された県立の大型児童館です。開館から6年間の活動の後、2002年4月から2006年の7月まで4年3カ月間、愛知万博開催のため休館となりましたが、その間一部機能を幡豆町の愛知こどもの国に移して継続して活動していました。昨年（2006年）7月に新しくできました「愛・地球博記念公園」内に再オープンという形で戻って参りました。

　児童館というのは「遊び」を通して、子どもたちを健やかに、感性豊かに育てていくことを目的とした施設です。「『遊び』が子どもたちの育ちにとって大事なものです」ということを基盤にして活動しています。

　そういうなかでも遊びをどういうふうにとらえていくかというところで、愛知県児童総合センターは非常に独特な活動をしてまいりました。遊びには昔遊びもあれば、ゲーム機などの遊びもあり、いろんな遊びを想像されると思うのですが、愛知県児童総合センターは新しい遊びを創っていきたい、遊びの環境を見直していきたい、創り上げていきたいということを中心に考えてきました。資料の中に愛知県児童総合センターのコンセプトが入っていますが、ここに10年間に行ってきた年表を掲載しています。「コミュニケーション」「伝達」「食」「アート」「自然」「身体」「映像」「音」「職業」などなど……。これをご覧いただければ、いかに多彩なテーマで「遊び」の活動を展開してきたのかが、ひと目でおわかりいただけるかと思います。

　写真をご覧いただきながら愛知県児童総合センターの活動の様子を少しご紹介したいと思います。写真10-1が愛知県児童総合センターですが、建物は愛知万博のときにも一部、使われていました。この建築は日本建築大賞も受賞したそうです。館全体が遊びを誘発するというコンセプトで作られています。ただ、とても大きな空間ですので、実際に使っていくとなると難儀な空間で、それをどう手なづけて遊び場にしていくかということに私たちは常に苦労しています。

　昨年（2006年）7月の再オープンの特別企画では「みんな・あそぶ！展——かえってきたよ ACC」を開催しました（写真10-2）。約50種類の遊びのカードがあり、それをきっかけにして遊ぶのですが、クジをひいて、あたった遊びでしか遊べないという仕掛けにしました。「不自由さ」がかえって遊び心を掻き立てます。「おみくじ

第 10 章　シンポジウム「地域の子育ち環境を考える」　　127

写真 10-1　愛知県児童総合センター

写真 10-2　みんなあそぶ展「おみくじら」

ら」という遊びです。

　「あなた・わたし・みんな」という企画では、人と人とのつながりを遊びにしたもので、館内をめぐり、知らない人とコミュニケーションをとりながら遊びをすすめ、最後に「わたしアンテナ」という飾りをみんなでつなげていくというものです。

　毎週土曜日、日曜日にはお祭りをしました。にぎやかに、子どももおとなもみんな本気になって遊びました。

今年（2007年）の夏休みには、「伝える・伝わる?!」という企画を実施しました。ことばや文字はもちろん、手触りや形や色などで、気持ちや様子などの情報をさまざまな方法で「伝える」ことを遊びながら体験しました。例えば「さわって伝える」とか、「ひかり、いろ、かたち」、「ことばのつみき」などというプログラムがありました。

先ほどからメディアについてのお話を伺っていましたが、メディアをテーマにしたときも、愛知県児童総合センターでは、「遊び」を通してもう少し積極的な関わりをもっていこうと考えています。で、昨年度から「アートと遊びと子どもをつなぐメディアプログラム」という公募をしています。今年度も公募をします。そのサブタイトルが「汗かくメディア」というものです。今年の7、8月に昨年度の受賞作品の発表が行われました。

「汗かくメディア賞」の受賞作品をご紹介します。1つ目は「ミミクリー」（写真10-3）という作品。太い土管のようなパイプに入って大きな声で呼びかけると、わけのわからない言葉が返ってくるという装置です。2つ目は「なないろクレヨン」という、クレヨンのような形をした装置で実際の色を採集して、それを持って走りまわると、スクリーンに色と光の軌跡があらわれるというものでした。3つ目は「tendo monto」（写真10-4）という作品。これも非常に評判が良かったものですが、水の広場の中に白いブリッジをたくさん設置していつもとは違う風景を作りました。そうすることで、普段は気づかない光の様子とか、音とか、匂いに気づくというものでした。

愛知県児童総合センターはいろんな遊びの企画をしていますが、こだわっていることがいくつかあります。1つは、「お土産よりも思い出」ということです。物を作ったりするとおみやげにしてもって帰るというのがこれまでの遊びでしたが、そうではなく、みんなが作ったものを集めて大きなオブジェにしたりすることを考えています。面白かったという思いを持って帰ってほしい。だから「砂場のような遊び」、「残らない遊び」が最高だと思っています。

2つ目としては、ごく身近なところに遊びのテーマがあるということ。身の回りのあらゆるモノやコトが遊びのテーマになるということです。当たり前と思っていたことがそうではなくてすごいことだったと気づくとき、「目からウロコが落ちる」という表現をしますが、そういう体験が遊びの中に必要ではないかと思っています。

3つ目は「役に立たない、意味がない、無駄なこと」の中にこそ、おもしろさや

写真 10-3　汗かくメディア賞「ミミクリー」

写真 10-4　汗かくメディア賞「tendo monto」

大事なことが潜んでいるのではないかと考えます。効率や効果、使えるとか、役に立つということを基準にはしません。

　4つ目は自由に遊ぶのではなく、遊びに枠組みを設定して提示する。そのことにより、これまで思いもよらなかった新たな視点が生まれ、結果的に枠からはみ出していくような創造性が生まれると考えています。

　5つ目は「子どもにコビない」ということ。「子ども向け」を基準としない。「子

どもだまし」は決して許されない。おとなも子どもも「本物に出会う」体験が必要だと考えます。「本物に出会う」楽しさは、おとなにも子どもにも対等で、共通の体験となり、共感が生まれます。おとなも新しい価値観に出会う楽しさを目指したい。おとなが楽しいと子どもはうれしいのです。

愛知県児童総合センターの活動内容につきましては、ぜひおとなの方も実際に体験していただきたいし、私どものホームページなどでも継続的に見ていただきたいと思っています。

古市 ありがとうございました。田嶋さんのお話は子どもの遊びの誘発ということで、地域でできる時間と場所の確保の1つの例だったかと思います。メディアの遊びも五感を刺激するという遊びであったと思います。お話の中には、お土産よりも思い出とか、自由に選ぶのではなくクジ引きでということにも、多くの示唆があったかと思います。実は私も愛知県総合児童センターに寄せていただきまして、夢中になって遊んでしまいました。単に遊びを提供するというだけではなく、遊び込める、遊びに自然に入っていけるということが非常に興味あることだと思っています。同じメディアでも、五感を使うのではなく、時間をとられて困るとか、効もあるが罪も心配だというお話を小宮山様にしていただきたいと思います。

携帯電話は現代のお菓子の家

小宮山 私は長年、経済を取材してきましたので、「経済との関わり」も特に意識しながらお話をしたいと思います。

まず私の方から皆さんに問題提起をしたいと思います。古市先生から事前に課題を与えられたのですが、ひとつは、「子どもの環境というのは今、進化しているのだろうか」ということ。そして、第2は、「その環境の中で地域はどうするのか」ということです。

まず、今、子どもの環境は進化しているのだろうか、という点です。

私は渋谷のNHKに通っていますので、渋谷センター街という場所を毎日のように通ります。私は、渋谷センター街の経済に注目しています。この地域商店街のメインストリート、200mぐらいありましょうか。見渡しますと、空き店舗がほとんど見あたりません。びっしりと店舗が埋まり、深夜まで大勢の人であふれかえっています。

しかし、店舗や歩く人々をよく観察するとどうでしょう？　そこには、ファーストフード店、コーヒーチェーン、ハンバーガーチェーン、カラオケ店、ゲームセンター、居酒屋、プリクラショップ、テレクラショップなどが目立ちます。こういう商店が埋めつくしています。そこを、携帯をカチャカチャいじりながら徘徊するセーラー服姿、金髪でネイルカラーを施しファーストフードを食べながら歩く子どもたち、「消費の塊」とでも言うような子どもたちが闊歩しています。また、このメインストリート、私が見る限り、1本の木もありません。のんびりと散策するお年寄りや、ベビーカーを押すお母さんも全く見あたりません。地域色豊かな伝統文化もありません。

　地域活性化との関わりで申し述べたいポイントはこうです。それは、若者であふれているから、空き店舗がないから、商店街が賑やかだから、こうした場所は「地域活性化のお手本」だと言ってよいのか。「空き店舗ゼロの素晴らしい経済」なのかということです。「経済が活性化している地域」を私たちはここに作ったのかもしれません。しかしこれが果たして「進化した環境」と言えるのかどうか……。逆に「大変な退化」ではないか。これを私は「渋谷センター街現象」と言っています。これが私の1つの問題提起です。

　ネット環境の話に戻って議論しましょう。

　お子さんがいま、当たり前のネット環境にいて、子ども用のポータルサイト「キッズgoo」というサイトを使っている生活を考えましょう。今、ネット上で子どもたちに大人気の「プロフ」というネットを通じた自己紹介の発信サイトがあります。そこで、子どもが「キッズgoo」の検索機能を使って「プロフ」とキーワードを入れたとします。そして、出てきたサイトの中からたとえば、「大学生」をクリックし、その中から適当に、たとえば、「リカさん」という人を選ぶと……（画像を提示）、アダルト画像をつけた自己紹介が出てきてしまいます。このような自己紹介がいくらでも出てくる。「キッズgoo」は子どもに使わせても安心なフィルタリングがかかっているとされるポータルサイトですが、それでもこの状況です。子どもは今このような「環境」に置かれているのです。

　では、「安全・安心のためにお子様に持たせましょう」「小学生用」とされる携帯電話についてはどうでしょうか。「出会い系サイトが心配なので一番強いフィルタリングをかけてください」とセットしてもらって購入します。

　で、そこには、どのような情報環境が用意されているのか。出してみましょう。

……（画像を提示）「ヌルヌル液」「悶えた顔にコーフン」といったコメント、女性が股を開いた画像……。──そのようなものが簡単に出てきてしまうのです。

こんな「環境」が子どもたちに提供されているのです。今、保育園や幼稚園生でもキッズケータイを持っている子どもがいます。こういう「環境」を小さい子どもに提供してきたのが「ネット環境」です。一番強いフィルタリングをつけてもこうなのです。このような環境は、小さな子どもたちにとって、全くもって「異常な環境」ではないでしょうか。

しかも、子どもたちはこういう「環境」に置かれるだけでありません。

小学生自身がそのような環境の中に入り込んで、自ら発信側にもなっている。私たちはそのことにも注目しなければなりません。

いまお見せしているのは、小学生と名乗る女の子の「プロフ」です（画像を提示）。どう御覧になりますか。……ここに発信されているメッセージは、「私は自分の性を売り物にする子ども以外の何ものでもありません」というメッセージと読めます。恐るべき自己紹介です。「ついに日本の子どももここまで堕ちたか」と私は寒気がします。こんな子どもたちが次々に出てくるようでは、もう日本は滅びるのではないかとさえ思います。

子どもたちの「自作自演」はポルノだけではありません。隣人や他者を平気で「殺す」と言う「自作自演」も子どもたちはやっています。

IT環境は「子どもに無限の可能性」を与えると、様々な人々が、耳にタコができるくらい唱えてきました。「喧伝」してきたと私は思っていますが、その「無限の可能性」の結果がこれです。私たちが子どもの頃にはあり得なかった恐るべき環境に子どもたちを晒し、子どもたちの生活が破壊されている。「IT環境の進化」などと言っても、その行き着いたところにあるのは、「狂ったような子どもたちの群れ」です。

ここで、私たちはどうしても立ち止まって考えなければなりません。こういう「環境」を誰が、どういう社会が、作ってきたのかということです。

これは「経済」との関係で考えていかざるを得ません。

まず、第一に次の言葉は誰がいつ言ったものでしょうか。

「あなたのようなおじさんではない。あなたのお子さんをターゲットにしているのです」。……これは携帯電話の大ヒット商品「iモード」（インターネット機能付き携帯電話）の販売戦略の会議の席上、担当者が発言したものと記録されています。

そして、1999年2月22日にその「iモード」が発売されました。広告には、当時、最高の人気を誇っていた広末涼子が起用されました。
　2001年、第3世代の携帯電話発売時には宇多田ヒカルを2面ぶち抜き広告で登場させています。2002年頃には、子どもたちに絶大な人気を誇る歌手浜崎あゆみが起用されています。その当時の人気タレントたちが携帯電話の広告に次々に登場しています。
　このように、憧れの有名人、人気者を登場させ、携帯はカッコいいものだ、信頼できる商品だ、好感度の高い商品だ、という製品イメージを作り上げて売り込む。――これが携帯電話マーケティング戦略の基本であったろうと思います。
　子どもに人気のタレントやスポーツ選手がさまざまな形で動員されました。しかし、彼らの中で、子どもたちを携帯の害から守ろうと熱心な活動に取り組んだ人がいたでしょうか。残念ながらいなかった。そこにタレントさんやスポーツ選手の限界を見るようでもあります。これが現代のマーケティングであり、タレントさん・有名人の姿なのだということを私たちは「事実」として認識する必要がありましょう。
　経済との関係の第二。それは「コピー・マーケティング」です。携帯電話を売り込む際のマーケティングには、様々な「コピー」が使われました。特に「自由」「未来」「新しい」と言った言葉が目立ちます。これらは子どもたちの大好きな言葉でしょう。これらをふんだんに使う「コピー・マーケティング」が行われたわけです。
　第三には、「キャラクター・マーケティング」です。ドラえもん、ハローキティといったキャラクターの携帯電話も早い時期から売り出されました。
　そして、子どもたちに買いやすくする「低価格マーケティング」です。端末1円、あるいは0円。そして、早くも2000年頃から小学生も対象に「学割キャンペーン」が行われました。まだ、「小学生用に携帯電話なんてとんでもない」と思われていた頃です。
　このように、子どもに買わせやすくするマーケティングが行われました。
　私は、「携帯電話は現代のお菓子の家」と考えています。
　よく「子どもが欲しがるから」と言いますが、子どもが欲しがるように、子どもの前に商品をぶら下げ、「素晴らしいでしょ」「夢があるでしょ」「欲しいでしょ」とアピールする「お菓子の家」が子どもの前に「これでもかこれでもか」というほど現れる。子どもは「欲しい」と言って飛びついてゆく。しかし「お菓子の家」の中には、魔女や悪魔がいる。グリム童話では愚かな魔女が1人いただけでしたが、

「現代のお菓子の家」の中には、狡猾な魔女や悪魔が大勢いる。そして、お菓子の家を作って招いた人たち、売った人たちは、そうしたことがわかっているのに「子どもたちには売らない」と言う勇気を持たない。これが「現代版お菓子」の家ではないでしょうか。

　情報通信部門の年間広告費は、2,600億円に上っています。この膨大な費用を投じてマーケティングが行われる。そして、そのマーケティングにのった子どもたちの生活が脅かされているということです。この基本が「子どもたちにケータイを持たせる経済」の構造にある、と私は捉えています。

　こうしたことを踏まえて、「地域はどうするか」という第2の課題に入ります。

　私はまだ望みがあると思っています。たとえばこういう地域があるからです。この写真は、中部地方のある中学校の前です。「便利でもいずれキバむく子どもの携帯」「携帯電話、今の僕らには不必要」「ケータイの怖さを君はまだ知らない」。そんな看板が掲げられています。中学生の子どもたちが自分で考えたコピーの看板です。

　ここは「小中学生には携帯電話を持たせない」という運動をしている地域です。運動の実態を知らなければ、「このIT時代に何と遅れたことか」と馬鹿にする人も多かったでしょう。しかし、この地域の取り組みの実情を知っている人はそのようなことは言えないと思います。この地域では、地域の子どもたちのために、ケータイ・ネットに関わる非常に進んだ活動が行われているからです。

　それは第一に「ケータイ・リテラシー活動」です。この特徴は、企業、あるいは商品との間に距離を置くリテラシー活動だという点です。具体的には、生徒のレベル、保護者のレベル、教員のレベル、市民のレベルと、さまざまなレベルで、講演会、勉強会などの活動が活発に行われています。

　第二は、地域独自メディアの開発です。この写真は（写真を提示）、この地域独自に作った冊子とDVDです。町でケータイ・リテラシーのDVDまで作ってしまったのです。冊子は改訂版です。改訂版も出来たということは、それだけ活動が活発で継続しているという証拠です。

　第三は、市民インストラクターの養成です。これについては、携帯電話関連企業から講師を派遣してもらうと、どうしても商品やサービスに関する批判が難しくなる、また結局は携帯電話を売るためのマーケティングになってしまう恐れがある。そこで、親の視点、生活者の視点で教えられるNPOの講師を選んで地域に招いて、地域の市民インストラクター養成を行なうという道をとったのです。

さらに、子どもたち・若い人たちの参画です。地元の大学の技術に詳しい学生など若い人たちが活動に入ってきて力になっている。しかも、子どもたちは学習をするだけではなく、先ほどの看板や、この問題に関する標語を入れた絵画コンクールに参加もしている。このような地域コミュニティの活動が、地域の世代を越えた連携を形成している。これが「先進的な活動」としてこの地域が注目されるべき理由です。

　成果はあります。今の社会では「携帯を持たない・持たせない」と言うほうが「『ケータイを持て』という社会的圧力」の中で難しくなっています。いつの間にか、企業等の力で「子どももケータイを持つ」という社会が作られてしまっている。しかし、その中にあっても、「地域」の中で「持たせない自由」を確保しようという「自由のエネルギー」が生まれてきているということも大きな注目点です。

　この地域では、子どもの携帯電話所持率は大幅に低下をしています。そしてその中で、少年非行や犯罪のリスクが低減し、実際に非行が減ったというデータも出ているようです。アンケート調査では、この運動を支持する地域の人が8割以上に上っていると聞いています。先日の衆議院青少年問題特別委員会にはこの地域の代表が招聘されてこの地域の活動について説明を請われるということがありました。この地域の運動は全国的にも注目されてきているのです。

　こうした運動は他の地域にも広がっています。我々はこのような「地域の子育ての実践」に学んで、それに続くことは可能でしょう。ゆえに私は「望みがある」と思うわけです。

古市　ありがとうございました。携帯電話を通してIT環境とどう向き合うのかということをお話いただきました。そういったことに対して、本当に我々は手も足も出ないのでしょうか。そうではない、人間が作り上げたものです。人間の知恵でそれを選択していけるのだという例を示していただいたのだと思います。携帯1つで自殺までいっしょにしてしまうなかで、地域っていったい何だろう。そういったことも含めて、地域と家庭、社会、学校、人とのつながりを含めて、矢藤先生にお話をしていただきたいと思います。

子育ち環境としての共同性のために

矢藤　刺激的なお話やデータが続いて、血圧を下げなければと思います。私自身、1日中、パソコンに向かって仕事をしています。我が身も振り返りながらお話をう

かがっていました。私は、携帯は2年前に持ったのですが、仕事で待ち合わせをするときも、場所を聞いても「電話するから」と言われるようになり、とても疎外感を覚えたのですが、これは携帯を持っていないと仕事も成り立たないと思って持つようになりました。そんなことも考えながらお話をうかがっていたのですが、ここでは、もう少し基本的な考え方として、皆さんに少し心に留めていただく概念やアイデアをご提供できればと思っています。

資料の中にA4裏表の資料があります。これが私の今日のテーマですが、「子育ち環境としての共同性のために」と書かせていただいています。私は今、賃貸マンションに住んでいます。引っ越したときに挨拶に行きましたが、その後は出会ったときに「おはようございます」と言うぐらいで、地域で暮らしているという感覚はあまりありません。じゃあ、僕は人とのつながりがなく、孤立して生きているかというとそうではなくて、地域が崩壊したとしても、それに代わる何かを考えなければならないと思います。地域がかつて担っていたものは何かというと、共同性という言葉で言えると思うのです。そうすると地域が崩壊したら、それに代わる共同性を構築していくことが必要だろうというのが、今日のお話の筋道です。

それを具体的にお話ししていくために、主に社会学の人たちが言っているようなことをもとにお話をしていきたいと思います。

まず1つ目ですが、地域社会と家族と学校の関係性がいかに変わってきたかということです（図表10-1）。広田照幸さんという教育社会学の先生が言われていることですが、地域共同体が実線で囲んでであり、そこが1つの共同性の枠だとお考えください。家族の枠というのは点線になっています。というのは、かつての家庭というのは近所の人が出入りしているというのが普通にありました。そのことはいい面もありますし、プライバシーに干渉してくるといったような両面がありました。ここで重要なのは、ゆるやかな枠をもった家族と強固な枠をもった共同体と、学校というものは対立するものとしてあったということです。学校には学校の論理があり、生活の論理や共同体の論理があって、田んぼが忙しいから学校なんか休んで田んぼをやれというような話です。

ところが、戦争で打ちひしがれた後で、高度経済成長で生活が豊かになったり、街が豊かになっていったりするために、知識を与えてくれるのは学校が唯一の機関で、あるいは子どもたちが何かを学ぶ、勉強したり、体を清潔にしたりといったことを学ぶのも学校でした。つまり、共同体の枠がゆるんできたところに学校が影響

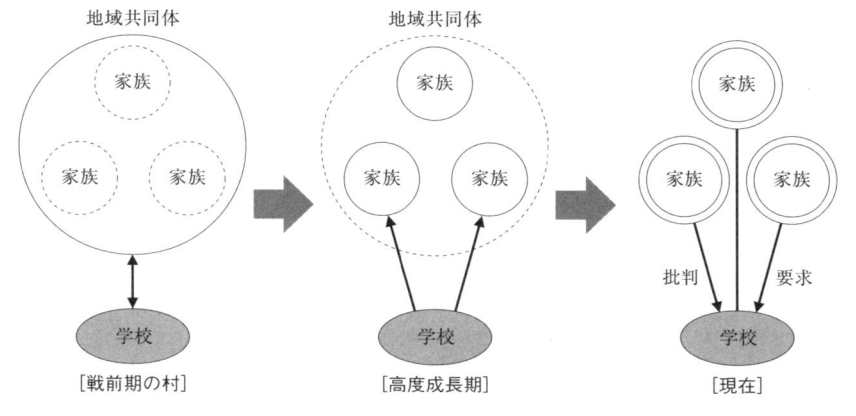

図表 10-1　家族・学校・地域の三者関係の変化

```
   地域共同体              地域共同体
   ┌─────┐              ┌─────┐
   │ 家族 │              │ 家族 │              家族
   │     │              │     │
   │家族 家族│     →      │家族 家族│     →     家族  家族
   └─────┘              └ ─ ─ ┘              │ │   │ │
      ↕                   ↖ ↗                批判 ↓   ↓ 要求
     学校                  学校                   学校

   [戦前期の村]           [高度成長期]            [現在]
```

（出所）広田照幸『日本人のしつけは衰退したか』講談社現代新書

力を持つようになります。共同体の枠が緩んだというのは、産業構造の変化というのが清川先生の話にもありましたが、生活の場と労働の場が分かれていきます。産業構造が変化すると、工場に出たり、会社に出たりするので、生活の場と仕事の場が分かれていき、しかも親が働く姿を見ないことが常態化していきます。そうすると、家族のつながりが強くなり、地域のつながりが弱くなるといったことがあります。ただ、学校はまだ影響力を持っていますから、そこに学校が何かを言っていけるという状況があるわけです。

ところが現在になってくると、地域が崩壊して、流動性が激しくなってくると、地域が連綿と続けてきた絆を維持することが困難になって、権利意識の高まりとともに、家族が学校に要求したり、クレームをつけたりするようなことが出てきます。こういう三者の力関係の変化があったということです。これは同時に利害関係の範囲が非常に狭まっていくということを示していると考えられます。つまり、共同体の利害のために自分たちは我慢しなければならないとか、そういったことがなくなり、家族の利害が大事で、そのためには学校にもクレームをつけるということになってきました。つまり、利害関係が小さな共同性の中に閉じこもってきたということです。だから、自分勝手というか、我が家だけ良ければいいといった変化と合わせて考えればおわかりいただけると思います。

共同性のあり方の変化ということですが、今の社会は共同性がなくなったとか、

若い学生さんとかは人と関わり合うことを知らないとか、思いやることを知らないとかといったことも確かにあるかとは思うのですが、むしろ共同性の範囲が小さくなったと考えるほうが理解しやすいかと思うのです。学生さんたちを見ていると、とても仲間内では思いやりがありますし、僕らでもひとたび仲間と認めてくれれば、気をつかってお話もしてくれます。その共同性の範囲が縮小したということは、学校でどんなことが起こっているかというと、かつてはクラスが一丸となる、あるいは大きな対立、グループどうし、あるいは男の子と女の子が反目しあったとしても、そこにはコミュニケーションがあったのが、小さなグループが互いに関わり合わなくて、その中だけで完結してしまうということが生じてきます。こういうのを宮台真司さんという社会学者は、仲間以外はみんな風景だとか、島宇宙化と呼んでいます。昔だったら、みっともないことをすると近所の人に怒られたりとか、大人ににらまれるということで効果を発揮していたわけですが、自分たち以外は利害関係も何もないわけですから、にらまれようが、疎まれようが関係ないわけです。だから、電車の中で大騒ぎをしてもいいし、化粧をしてもいいし、それは子どもや若者だけでなく、大人にも見られることです。むしろ電車なんかで見ていると、中年以上のほうが周りに気をつかわない振る舞いが同じように見られます。ですから、子どもだけでないというのが1つあるかと思います。

　ここで共同性とは何かということを確認しておきたいと思います。社会学者が1次集団とか2次集団とかいろんな分け方をしていますが、ルーマンという社会学者は共同体と機能体と大きく集団を分けています。共同体というのは、感情を安定させる集団です。要するに、安心できる、そこに居場所があるということです。機能体というのは機能があるということですから、会社のようにお金をもうける、学校のように教育をする、病院のように医療を施すといった機能に特化した集団です。共同体というのは、安心とか、感情的安定、居場所。居場所というのも自分が自分のままでいられるということです。そういう場所が必要なのだろうということになってきます。

　そういう共同性がなくなってきているわけで、作るしかないわけです。昔に戻ることができないので、「子育ち環境としての共同性の構築」という話になってきます。ここの共同性というのは、自分が自分のままで安心していられる状況だというふうにお考えください。学校だって、病院だっていることはできますが、自分が自分のままで安心していられる、頼れる場所があると。昔に戻るのではなく、人工的

第10章　シンポジウム「地域の子育ち環境を考える」

に改めて共同性を構築するということですが、たとえば保育所、幼稚園がどんなふうなあり方があるかというときに、幼稚園だったら、教育という機能を持った学校として特化するとか、保育所だったら子育て家庭の支援のための児童福祉施設というふうに特化するだけでなく、擬似的な共同体としてデザインすることが必要だと思うのです。今でも行われていることですが、地域の高齢者と交流するとか、それは子どもにとってもいいし、高齢者にとってもいいということがあります。それから、地域住民とふれあうとき、保育所がお祭りに出ていくのではなく、保育所のお祭りに地域の方に来ていただく、保育士は女性の仕事になっていますが、普通に両性がいる。そのときに、男の人は力強い遊びをするとか、女の人はやさしいとかだけでなく、男の人にもやさしい人もいるし、女の人にも男まさりの人がいるとか、いろんな人がいるというモデルがいて、こういうあり方でもいいんだということが子どもに伝わることが非常に重要だと思うのです。昔の人は、家族のつながりよりも、地域のつながりの方が重要ですから、逆に言えば親がダメでも地域の誰かがカバーするということができていたと思うのです。それから、あんな人にならないほうがいいとかというモデルもあり、その中で子どもたちはアイデンティティを作っていく。自分は何者になるかということを考えていったと思うのです。両性がいるとか、保育所の年齢バランスを考える。今は財政的な問題で年齢層の偏りとかが出てきていますが、そういうこともきちんと雇用の政策を考えていかなければならないのだろうと思います。

　ここでお話ししたかったのは、多様性、いろんな人がいるなかで共同的に生きていくということです。自分と違ういろんな人との共生ということです。だから、みんなで仲良くしていきましょうということも大事ですが、仲良くできない人がいるときに、その人たちとどうやってうまくつきあうかとか、そういったことが大事だと思うのです。それが、うまくコントロールできないと殴るとか、キレるという話になると思うのですが、うまくいかない相手といかにうまく距離をとってつきあうかとか、そういったことの訓練のためにも、あるいは寛容さを身につけるためにも、多様性を保証した共同性が必要なのだろうと思います。かといって、保育所や幼稚園がそれを全部できるわけでもありませんし、かつてのムラ社会のような包括的な機能を共同体に持たせることが無理だとすれば、機能別にいろんな機能を持ったところが子育ちに関わり、それぞれがそれぞれの機能を果たす、例えば愛知県の児童総合センターでしていらっしゃるようなことは、かつて子どもたちが村の中で

やっていた遊びの部分の機能を取り出して、ある種の共同性を構築していると思うのです。成功していらっしゃるのは、集まるだけでなく、楽しいからまた来る。つまり遊ぶときにはそこに来れば何かが得られる。思い出が作れるということで、リピートしてかかわっていく。つまり、機能別に子どもたちの関わりがあり、それが繰り返して経験できるといったことが重要なのではないかと思います。

　それから共同体に中には日常性と非日常性というのがあって、例えばお祭りなどもしていらっしゃいますが、近所の公園で遊ぶことと、たまには児童総合センターのイベントに参加するといったことをうまくデザインして準備するしかないのではないかと思います。

　それから、先ほどお話を聞きながら、大きなヒントだと思ったのは、クジで遊びを決めさせるというのがありました。自由というのは無制限ではなく、制約の中で自由がある、だからこそ自由が楽しいわけで、かつてはムラ社会の中で上下関係とかで我慢しなければいけなかったけれども、それがなくなってしまった以上、ルールによって我慢させるとかといった経験を別のやり方で保証するといったことが有効なんだろうなと思います。子どもたちもルールがあると振る舞いやすくて、うまく育つんだということがアメリカの先生の本に書かれていたりします。子どもが育つ50のルールについて書かれた『あたりまえだけれどとても大切なこと』などが一例です。そういうことを通じて、社会の中で生きる術を学ぶのだろうなということを先ほどのお話も含めて考えました。

　最後に精神論で申し訳ないのですが、子どもを守るということに関して、社会や政府、政治などが、いかに本気で取り組むか。本気に取り組むということはすごく大事だと思います。例えば、ワークシェアリングをして年収が下がっても、子どもたちといる時間を増やすということをすればいいはずです。あるいはタバコなんか、絶対に自販機で売らなければいいのです。アメリカなどはそうです。徹底しています。かといって、アメリカは子どもがガンを持っていたり、マリファナを吸っていたりするわけで、アメリカがすべていいわけではありませんが、少なくとも日本のようにポルノを簡単に見ることができる機会というのはありません。社会としてこれはいけないことだという価値をきちんと伝えているということに関して、日本は寛容すぎると思います。本気で取り組むということは、税金をもっと払わなければいけないとか、家族と向き合う時間をもっと増やさなければいけないとかということに、我々が覚悟をもって臨んでいかなければならないということで、それは

それで大変なことですが、そんな極端な話ではなくても、どこかに落としどころをうまく決めて、今よりすこしましな方向にするために、今、お話したようなアイデアを考えていただければいいのではないかなと思います。

古市 ありがとうございました。どのように新しい環境を構築していくかということで、育ち、育て、育つための諸条件の関係をお話しいただいたと思います。さて、3人のパネリストのお話が終わりました。ここで、フロアの方にご意見がありましたら、挙手していただきたいと思います。

質疑応答

会場1 とてもいい内容のシンポジウムを持っていただきまして、ありがとうございます。それで、子どもたちのすぐ側にある電子メディアがどういう状況かというのは、本当にショックです。先生が言われたことにきちんと向き合って、対策を考えなければいけないというのは、そうだなと思いました。一方で、携帯なり、子どものサイトに載せる子どもたちはなぜあんなことを載せるのかというのが、私には理解できないのです。どんな状況の中で小学生があんなふうに自分を売り込むのかというのはどうなのでしょうか。

小宮山 企業が子どもの心理を読んで、こうしたサイトを非常に巧く作って提供しているということがあると思います。「プロフ」サイトは、「プロフィール帳」の延長線上です。「プロフィール帳」というのは、数年前から小学生などがお互いに名前や趣味、好みなどを書き込んで友人同士交換するファイルノートとして作られた商品です。小学生が卒業式などの機会に書き合うというもので、子どもたちに人気があります。「プロフ」は、さらに、ネットを通じて自分をアピールしよう、自分がどういう趣味で、どういう人間で、男の子にはどうアピールするかというようなことのが、このサイトの中で、自分の写真や、性格などを書き込むことで出来るようになっています。そうすると個人個人のプロフで、ランキングが出てきたりする。例えば、誰のプロフにアクセスが一番多かったか、「現在A子のプロフが今人気ナンバーワン」といった結果が出てくるのです。ちょっと刺激的なことを書くと、たくさんアクセスが来る。そうするとランキングが上がるので、子どもにとっては、自分が人気者や有名人になったように錯覚して、面白くて仕方がないわけです。そこで、少し猥わいなことを書いたり、自分の怪しげな写真を入れたりすると

さらにアクセスが急増することになる。そういう形で、どんどんエスカレートしていってしまうわけです。自分では携帯の画面を見ているだけですから、女の子としての自分の体を狙って大勢の男がアクセスしてくるという感覚は薄い。こういう仕組みが、アクセスを増やして金儲けも出来ると考える企業サイドからどんどん提供されているという現実を知るべきであろうと思います。

古市 学生諸君もいますが、はまっていった経験とかありませんか。

会場2 今のことで、推測の域を出ないのですが、子どもたちが自分は役にたっているとか、何かを達成したとか、あるいはカードゲームで何かを集めたとか、ポケモンとかは子どもたちが昔からやっていた遊びの精神性をよく利用しています。ですから、児童総合センターでやっていらっしゃるような現実の遊びのなかでそういう経験ができるとか、達成感を味わえるとか、学校であれ、家庭であれ、自分がいるということが認められるとか、役にたっているとか、そういったことの経験が豊富にあると、それで済んじゃうところがあると思うのです。私たちも、暇なときほどネットとかを見てしまいます。やることがあれば、そちらで忙しくなってしまうので、子どもたちが遊んだり、勉強したりしている状況を普通に作ることが、意外に早道なのではないかなと思います。

会場3 遊びも昔は外で勝手に遊んでいましたが、わざわざセッティングをして、楽しい経験をさせたりとか、共同体でも昔に戻せないから違う形で作り上げるという、セッティングする形ですが、そうするとセッティングする側に責任ということが出てきます。学校でも学校管理下で怪我をすると、すごく責任を問われるのですが、そういうところで困ったりとかすることもあるのですが、その辺はどうでしょうか。

田嶋 遊びの環境を作っていくという意味では、セッティングをしていることになります。私どもの施設では親子でいっしょに参加していただくということを基本にしています。現在までのところ、親子でいっしょに遊んでいただくことで、大きな怪我などは避けられています。今、ご質問があったのは、万が一、怪我をさせてしまったときに責任を問われるということですが、プレーパークなどでは、怪我と弁当は自分持ちというキャッチフレーズでやってみえるところもあります。

第10章　シンポジウム「地域の子育ち環境を考える」　　　143

矢藤　日本でもプレーパークとか、ニュージーランドでもプレーセンターといった保護者が集まって冒険的な遊びをさせたりしていますが、そのときに、事前に怪我をしますよという了解が必要なようです。それだけではなくて、少々怪我をしても、ここでこうやって遊ぶと子どもは成長するということを理解してもらうことがすごく重要で、最近見に行った保育園は、坂や森や林があったりするのですが、小さい怪我をしますということをちゃんと伝えていて、親に見てもらったり、2歳ぐらいの子どもが段々になった滑りそうな坂をとことこと走って下りるのです。ああいうのを見ると、確かに少々怪我をしてもこんなに育つのだと。怪我をしても、そのほうがメリットが大きいということをわかっていただくことが必要なんだと思います。

会場4　携帯やゲームが子どもに与える害が大きいということがこれだけ明快にわかっているのに、打ち手がないと言いますか、金儲け最優先の社会ですので、企業側の良識任せではなく、何かで規制するとか、取り締まるとか、そういう手はないのですか。私たちがしっかりして声をあげていけば、何らかの形で、作る側に対して働きかけることができるのではないかと思うのですが、そういうことを私たちが考えて行動していかなければいけないということですね。

古市　今のご質問に応える答を含んで、パネリストの皆様に一言ずつお願いいたします。

小宮山　今の会場からのご質問に対するお答えを含めてお話したいと思います。今、会場の方がおっしゃられたような意識が地域のおとなたちに、また、マスメディアの中にもまだ非常に足りないと感じています。携帯電話会社の利益が増えたとか減ったとか、携帯電話のこんな新商品が出たとかいう情報はふんだんに伝えられますが、その問題点を厳しく指摘して作る側に改善を促していくというような力が足りません。
　しかし、地域に出来ることはあると思います。
　第一は先ほど例を挙げて申し上げましたが、「ケータイ・リテラシー」活動です。携帯電話を供給する側の問題を地域の大人たちが自分自身で調べて見つけていく。そういうところから出発すればよいと思います。それが「地域の生活者」の重要な役割ではないかと思います。それは、新たな構造改革としての「企業改革」を進め

る、ということだと思います。それはもちろん企業を否定することではなく、企業をよい企業にしていくということです。

　第二は子どもを改革の担い手に育ててゆくということです。我々は子どもを信頼しなければいけない。子どもにケータイ・リテラシー教育をして、子どもが経済システムを改革する担い手となるよう育ててゆくのです。おとなのおじさんやおばさんが子どもたちに携帯電話を売りまくるような企業活動に対し「そんなことはおかしい。僕らがそれを改革していくんだ」と突き上げてくるような若い力に期待したいと思います。若い人たち、あるいは子どもが、「おかしいぞ、こんな経済社会」と鋭く考えて行動出来るように育てるのはまさに「教育の力」であり「地域の大学の力」でもあると思います。そういう「教育の力」が非常に重要であろうと思います。

　そして第三に「子どもを破壊するような経済」をきっちり問い直していく、ということです。

　今年、アメリカの前副大統領、アル・ゴア氏がノーベル平和賞を受賞しました。彼が著書や映画の中で訴えているのは「子どもたちのために経済社会を変えてゆこう」ということです。そして、それには大量消費社会というものを徹底的に見直すべきだということです。そう訴えて彼はノーベル平和賞を取ったわけです。子どもの将来を危うくするような経済、あるいは子ども自身が将来世代の存立を危うくしてしまうような経済を問い直していくべきであるとゴア氏は訴えているのです。

　私たちは、携帯電話という大量消費を促す商品によって子どもたちの環境や生活が破壊されているという状況に置かれている。そのような「子どもを破壊するような経済」を根本から問い直すことを迫られているということです。それを市民の力で実践してゆくことが真の構造改革でありましょう。そして、子どもを愛し、大切に育てていく「生命のための経済」への転換を図ってゆくこと。これが、いま、我々に課せられた大きな課題であろうと考えます。

古市　それではまとめに入らせていただきます。子育ちにおける問題点が出され、子どもが文化の進化についていけなくなった狭間を埋められるのは、子どもに直接関係する地域であり、それに本気で取り組めば、課題の解決に向かう希望があることを示していただきました。また、子どもを改革の担い手にしていくような教育をできるのも地域であろう話も深く心に留めたいと思います。

今日の講演会・シンポジウムをきっかけに「新しい地域の構築を考える」運動の輪が広がっていくことを祈っております。
　愛知東邦大学では、地域の子育ちの発展に色々とお役に立っていきたいと考えております。これからご協力やご支援をよろしくお願いしまして、このシンポジウムを終わらせていただきます。パネリストの方々、ご参加の皆様熱心なご参加ありがとうございました。

第三部
自分たちのまちは自分たちの手で

手遊びがこんなに上手にできるよ（名東保育園）

第11章　子どもとはどのような存在か
——現代の子どもと子育ちを理解するために

矢藤　誠慈郎

　本章では、地域で子どもを育てる、地域での子育ちを考えるというときに、まずは立ち止まって考えておきたいことを示したい。

　私たちは、実は確かな根拠もなくある理解の仕方を当たり前だと思ったり、自分が直接見聞きしたわけではない、マスメディアなどを通じた情報から思い込みを作り上げていたりする。そうした先入観や固定観念、ステレオタイプにとらわれていると、せっかく一生懸命子どものことを考えていたとしても、対策を誤ったり、改善すべきターゲットがずれてしまったり、事態をむしろ悪い方向に導いてしまったり、誰かを不必要に苦しめてしまうかもしれない。

　正義感や善意に基づく誤りほど厄介なものはない。本人たちはいいことだと思ってやっているのだから、自らは改善しにくいし、他者の批判も受け入れない。

　こうした落とし穴にはまってしまうことを避けるためには、自分や社会の「当たり前」を疑って、少し距離を置いた、冷静な視点が必要だ。

　そうした視点のために、第1に、子ども観の転換、第2に、子どもの持つ価値や有能さ、第3に、学校へのまなざしの変化、第4に、子どもが育つ場の構造の変化について述べ、最後に、これから子どもが育っていくための地域社会のあり方について考えてみたい。

I　子ども観の転換

　私たちは当然のように、子どもを、保護すべきもの、それ自体価値のある存在、おとなを癒してくれる存在などととらえている。そして子育ちの問題について語る時、そうした子ども観に基づいて考える。

　しかし、その前提はほんとうに当たり前のことなのだろうか。こうした疑問への1つの答え方として、ここではおもにアリエス[1]に依拠しながら、子ども観の転換について考えてみたい。

フィリップ・アリエス（1914-1984、フランス）は、大学の学者ではない。熱帯植物の研究機関に勤めながら余暇を利用して研究を進め、自らを日曜歴史家と称している。その方法は「心性史」と呼ばれ、人びとの生活の営みの底に流れる「集合的無意識」を歴史的にあとづけることを試みる。彼はこの手法を用いて子どもや教育について語り、教育学界に大きな刺激と影響を与えた。彼の主張に対しては批判もあるが、私たちはここではそれがほんとうかどうかよりも、子どもを見るのにほかの角度や視点がありうるということを学びたい。

　アリエスは、「中世の社会では、子ども期という観念は存在していなかった。……今日、日常的な表現で『あいつ』と言われるような感覚で、子どもという言葉が使われていた」と考える。また、子どもは、乳幼児のうちは亡くなってしまう確率が現代に比べて非常に高く、「数のうちには入っていなかった」のではないかと推定する。そして子どもは、死亡率の高い時期を過ぎるとすぐにおとなと一緒にされていたのである。

　5世紀から15世紀の長きにわたったヨーロッパの中世では、カトリックの戒律に従った禁欲的な人間という規範や道徳が支配的だった。しかし15・16世紀に花開いたルネサンス期には、人間の自然な本性を表現することが解放された。ここには、私たちの運命をにぎる主体が、神から人間自身にとって代わったという、大きな転換がある。

　アリエスは当時の文学や絵画などから、ルネサンス期に、おとなとは違う子どもという時代、「子ども期」という意識が人々に生まれたと考える。子どもは、純真であり、優しく、ひょうきんである、そしてそうした子どもの愛らしさは、おとなを楽しくさせてくれ、くつろぎを与えてくれる。一方で、当時の文献から、人びとが子どもたちを気晴らしのために可愛がり、幼稚な遊びに興じることを許さないという考えも見出される。しかしいずれにせよ、こうした怒り自体も「可愛がり」と同じく新しく生じてきた感覚であった。

　子どもには、将来の重要な労働力や後継ぎとしてだけでなく、現在の姿や存在そのものへの関心が向けられるようになった。そして子どもが家庭の中心に置かれるようになってきたのである。

　中世とルネサンス以降について、具体的に、子どもが生まれることへの意識、子どもの育ち方といった観点から比較してみる。

　中世までは、妊娠をコントロールする技術や、乳幼児を救う医学が十分に発展

第11章　子どもとはどのような存在か

していない、あるいは普及していなかったために、子どもは自然のリズムに任せて多く生まれ、また現代の先進社会とは比較にならない高い死亡率であった（多産多死）。出産も生命も神の意志に従ったものであり、人間にはコントロールできないものであった。日本でもかつて子どもは「授かる」ものであった。子どもは神から、あるいは天から授けられると考えたのである。

　ルネサンス以降、医学的な知識や技術の発展と普及によって、妊娠はコントロール可能なものと考えられるようになり、また、病気などから救われる乳幼児が飛躍的に増えた（少産少死）。子どもは家庭の経済状況など諸条件を勘案して、あるいは親の意志によって、周到な配慮のもとに「つくる」ものとなった。子どもの妊娠と出産の主導権は、神の手から人間自身の手へと移されたのである。

　こうした、意識的、意図的に子どもと向き合うという態度への変化は、子どもの育ちにも現れた。中世では、子どもは共同体（ムラなど）の子どもであった。子どもは死亡率の高い乳幼児期を過ぎると、いきなり共同体の一員としておとなとともに日常を過ごすようになる。早いうちから奉公に出されることも珍しくなかった。とりわけ家を継ぐ子ども以外は、家が貧しければ貧しいほど、早くに家を出て自分で育つほかなかったと思われる。共同体のおとなと日常生活を過ごすということは、労働や遊びも自然に共有しているということである。この時代の子どもは、おとなの意識や意図によってではなく、おとなとともにいることで、自然におとなから学習することで一人前になっていったと考えられる。

　一方、ルネサンス以降、子どもは親元でしつけられるようになっていく。子どもは、共同体の子どもから、家族の子どもへと囲われていく。共同体から孤立した個々の家族の中で、親の保護のもとに養育されるようになる。そして、幼児期を過ぎると、共同体ではなく、「学校」という新たな保護と教育の空間に囲われる。学校では、教育する者と教育される者、保護する者と保護される者という、おとなと子どもの差異が明確に強調され、こうした、おとな―子どもという明確な区別と序列が固定化し、また正当なものとして受け入れられるようになってきたのである。

　子どもは、将来の労働力となることを期待されるただの小さなおとなから、おとなと異なる今の姿そのままが愛され、おとなとは別の価値あるものとみなされる存在へと変化してきたのである。このことに関して、日本での歴史的な経緯を「Ⅳ　子育ての変容」において述べる。

Ⅱ 教育の問題

　子どもが「発見」され、その独自の価値が見出されるようになったということが、前節の結論の1つであった。ここではさらに踏み込んで、子どもの価値や有能さを、より積極的に評価する子ども理解の仕方を紹介する。またそのことを通じて、現在の教育のあり方を振り返るきっかけとしたい。

　国際的な学力テストにおいて、日本の順位が少し下がったといったことがある種の騒ぎとなっている。しかし、では学力をもっと効率よく向上させようということであっていいのだろうか。むしろ、そこに生じている、知や経験のあり方をこそ問題として、教育の改善に取り組んでいくべきではないだろうか。ここでは、ベンヤミン[2]に照らしながら考えてみたい。

　ヴァルター・ベンヤミン（1892-1940、ドイツ）は、大学教授を志したが挫折し、パリを中心としてさまざまな都市をさまよいながら、芸術、歴史、哲学などさまざまなジャンルで評論活動を行った。彼の視点は、社会の近代化と子どもの学びのあり方といった問題について豊かな示唆を与えてくれる。

　ベンヤミンは現代の（といっても今からおよそ80年も前であるが）教育問題を、「クズの中に新しい意味を見つけるような子どもの能力」と、「合理化されていく現代社会」とのせめぎ合いの中に見出している。

　教育とは子どもを社会に一員にすることだという言い方は、子どもは未熟で価値がなく、その子どもを教育によって、成熟させ、価値づけてはじめて社会の一員となるという前提がある。したがって教育の課題とは、「どうやって子どもを現代社会に導き入れればよいのか」ということになるが、ベンヤミンはそうはとらえない。なぜなら彼は、子どもはその存在のままですでに社会の一員であると考えるからである。つまり、「子ども」を、ヒトが人間になることによっていずれ消え去る人生の一過程と見るのではなく、社会の中にはめ込まれた独特の領分として認識すべきだというのである。「子ども」を、おとなとは別の価値と有能さを持った、「おとな」と対等な存在領域と見るのである。

　子どもの有能さを彼は、「子どもは、習慣によって前もって定められているのではない、新しい意味を事物の中に見出す能力に恵まれている」と表現する。言い換えれば、「クズたちの中に……（中略）……事物がまさしく自分に、自分だけにむ

第11章 子どもとはどのような存在か

けた顔を、みぬいてしまう」のであり、このことこそが、現代社会においておとなが失おうとしている能力だというのである。

したがって、学校教育の問題とは、いかに能率的に子どもに知識を授けるかということよりもむしろ、子どもたちがあまりにも手早く多くのことを知ってしまうという事態にあるのである。

たとえば、ピカソの絵を見たとき、あなたは本当にピカソの作品を見ていただろうか。何度となく彼の絵を教科書や画集で見かけ、頭の中に定着しているイメージを「本物」によって確認しただけではなかったのか。「やっぱり本物も（！）教科書で見たのと同じだった」と安心して、あなたは家路につく。その場合にあなたが見たものは、ピカソの絵それ自身ではなく、彼の絵についてわれわれの社会がつくり上げているあるイメージにすぎない。

また、知らない観光地にやってきたとき、われわれはたいていガイドブックを読む。それにしたがって名所旧跡や商店街やレストランを訪ね歩き、その街を知ったつもりになる。しかし、そうすることで街路は私にとって親しいものになったのだろうか、私だけの独自の経験となっただろうか。私は、読み知った知識を街路でいわば確認したり検証したりしただけであって、ガイドブックが前もって与えてくれた知識以上のものは知りえなかったし、知ろうともしなかったのではないか。

ここで起こっていることは、出来合いの知識（教科書でみたピカソの絵、ガイドブックで得ていた情報）が、経験の対象となる事物（実物のピカソの絵や観光地の実際の街路）と私のあいだに割って入ってそれらから私を遠ざけ、それらに向かう私の眼を閉ざしている、事物との出会いを私だけの独自の経験とする可能性を遠ざけている、という事態である。

街路を親しいものとする、自分独自の経験とすることとは、出来合いの知識をその街路について仕入れることではなく、街路が自分に向ける独特の顔を見抜くことである。街路が発信する豊かな刺激を受け入れ、それを自分の中でじっくりとかみくだいてゆっくりとのみこむことによって、街路が自分に対してもつ独特の意味を発見していくことなのである。

事物に時間をかけて向き合ったり、苦労をしたりすることなく、手早く便利に獲得される情報（＝知識）こそが、現代社会の知識のあり方ではないだろうか。ここに生じているのは、私たちの経験の構造そのもののかなり根本的な変化だとベンヤミンはいう。

こうして効率よく手に入れられた知識は、私たちを外界からさえぎる役割を果たす。むしろ外界に対して自らを閉ざしているために、私たちはうまくふるまうことができる、つまりガイドブックのおかげで道に迷わずにすむのである。

　私たちは、意味の定まっていない街路の中に自分を投げ入れて新しい自分だけの意味を発見する代わりに、すでに編み上げられた意味の網目の中に自分を沿わせ、誰もが適応するのと同じように適応しているのである。私たちはもう街路を「経験」することはないが、この出来合いの意味の網目をなぞる限り道に迷うことはない。

　こうした、出来合いの意味の網目をなぞることによって得られるものが「体験」であり、自分独自の「経験」とは異なる。現代は、経験に対して体験が優位となってしまっている社会であり、経験が貧困な社会である。

　しかし、かといって現代社会の中で、あらゆる情報から自分を隔離して、自分独自の経験のみを求めていくことは非現実的であり、ここまで述べてきた事態は、ベンヤミンによると、現代がそこから出発しなければならない基本条件である。

　日本の子どもの学力低下が問題となって、日本の政府は、学習内容を増やすことによって、失われてきたとされる学力を取り戻そうとしている。そして詰め込みだとしてあれほど忌み嫌われてきたドリル学習が、ゲームなどに形を変えて流行している。

　しかし、ベンヤミンの考え方から見てみると、問題は別のところにあるかもしれない。

　フィンランドは1990年代に歴史的といえる教育改革を行い、国際的な学力テストで世界一となり、その教育制度が注目されている。政府予算の教育費の割合が世界で最も高く、教員養成の質量とも極めて豊かなものであって、教師の社会的地位も高い。こうした条件整備について、日本は大いに学ぶ必要がある。しかし、さらに重要なことは、フィンランドの教育が、自分の頭で考え、自分の言葉で表現し、自分なりの答えを導き出すことを重視している点である。

　テストの点などの結果にとらわれると、効率よくよい点を取るためのテクニックばかりが重視され、知識は結果を得るための手段でしかなくなる。また誰もが到達すべき同じ結果によって評価されると、子ども一人ひとりが自分自身をほかの子どもと異なる独自の価値をもっているととらえて自尊感情を持つということが生じにくくなり、子どもはおとなの評価によってしか自分を価値づけられなくなる。

　自分で苦労する過程を重視する教育は、自分であるいは友達とともに、課題を発

見し、自ら考え、解決していく力を養い、自分を他者とは違う価値ある存在として受け入れていくことができ、いわゆる「生きる力」を培うものとなるのである。

　ベンヤミンの考え方から日本の学力問題に斬り込むのはいささか飛躍しているが、知識とは何か、経験とは何かといったことについての彼の視点が、今の日本の教育のあり方を具体的に問い直す際に、とても示唆深いと思われる。

　さらに、子どもがそのままですでにおとなと違う有能さを持った、おとなが失おうとしている能力を豊かに持った存在だと理解することで、子どもの個性を尊重するとか、生きる力を育むといったことのほんとうの意味が、よりわかっていくのではないだろうか。

Ⅲ　学校は変わったか

　本節と次の節「子育ての変容」では、地域における子どもの育ちを考える上で欠かせない、学校のあり方、学校と地域の関係のあり方を見ておきたい。広田[3]を参照しながら、現代社会に通用している見方を批判的に検討してみる。

　「学校病理」といった言い方が、1980年代頃から、いわば流行ってきた。まずは「落ちこぼれ」などの子どものさまざまな問題が70年代に表面化し始めた。そして校内暴力の多発やいじめへの注目から、80年代にはそれらが学校病理という社会現象として世間に認知されるようになり、90年代からは教師や学校側の問題も注目されるようになってきた。

　学校への批判は、かつては、学校が「善」であるということそのものは当然の前提としたうえで、学校で起こっている病理を学校はきちんと解決すべきだというものであった。しかし80年代後半以降の批判では、学校の存在の価値や意味自体が疑われるようになり、学校は子どもたちにとってむしろ「悪」なる存在となってきたのではないかとするものであった。そして「現代の学校はダメになった」と嘆く姿勢が広まり、一時期は、学校などなくしてしまえといった暴論まで展開された。

　学校批判の風潮が変化してきたことの説明には、二通りの説明がありうるだろう。第1の説明は、学校が実際にその質を低下させてきたというものである。この場合、私たちはほとんど意識していないが、学校を評価する世間のまなざし（評価基準）は一貫して同じ水準にあるという前提がある。第2の説明は、学校の内実はさして変わっていないかもしれないが、学校への世間のまなざし（評価基準）が変

わったというものである。第2の説明でいうまなざしの変化には、学校・教師と生徒・保護者との間の力関係の変化が大きくかかわっていると考えられる。そしてこの変化をもたらしたものは、社会の豊かさである。

　戦後、貧しく打ちひしがれた生活を向上させるためによりどころとなるのは、学校であった。学校がほとんど唯一にして最善の機関であった。学校で知識を得て、他人より高い学歴を得ることによって社会的地位を獲得し、豊かな生活を手に入れる。地域社会にとっても、学校は人々の日常生活を文化的に向上させ、地域社会を豊かにしてくれる存在であった。学校は「進歩的」であり、「遅れた」地域社会とその人々にとって、希望に満ちた場所だったのである。

　ところが高度経済成長期を経て社会が豊かになり、次のような変化があった。
　第1に、人々の生活水準や教養水準が上昇したために、それまでの学校の権威や正当性の土台であった、地域の親や子どもに対する文化的な優位性が失われた。そのため、学校が与えるものが必ずしも「ありがたいもの」と映らなくなってきたのである。第2に、人々が経済的に豊かになってきたために、子どもに注意を注ぐ時間的・経済的余裕が増えて、子どもの学校での出来事に関心を持つ親が増えていった。そして、そうした親たちは学校に対してさまざまな要求を行うようになった。一方で、進学や非行防止のために学校をしっかり管理してほしいと言う親や子どもが存在し、他方で、自由と権利を主張する親や子どもが存在し、こうした両立の難しい、相容れないさまざまな要求に、学校は右往左往するようになったのである。第3に、80年代半ば以降、「教育の中の人権」という考え方が学校現場に浸透するようになり、かつては泣き寝入りしていたかもしれない体罰や理不尽な「指導」に対してチェックシステムが働くようになってきた。第4に、80年代半ばを過ぎて、子どもの脱学校化ともいうべき事態が進んでいる。コンビニエンスストアやインターネットの普及など、消費社会化やメディアの多様化ともあいまって、子どもの居場所や、子どもが意味を感じる空間が、学校の独占ではなくなり、学校外に広く成立している。不登校も社会により受け入れられるようになってきた。

　学校を特別な聖域とみなすような感覚や、学校が子どものすべてを抱え込むという性質が力を失い、子どもも親も消費者として良質のサービスを求め、しかし子どもは学校がコントロール可能な範囲から、さまざまな空間へと拡散してしまったのである。

Ⅳ　子育ての変容

　学校へのまなざしの変化は、子育てのあり方の変化とリンクしている。ここでは、引き続き広田の議論 (4) を参照しながら、学校と家庭と地域社会との関係性の変化について検討する。なお、以下では「家庭」と「家族」という言い方が混在しているが、家庭は場であり、家族は人、つまりメンバーシップとして使い分けたい。

　家族という集団のはたらきは、近代以前においては、物を生産する機能、規範や信念を身につけさせる宗教的機能、娯楽的機能、教育の機能、扶養の機能などであった。近代へと時代が移り変わるとともに、そうした家族の機能の多くは、少しずつ家庭の外へと移されてきた。例えば、物の生産は企業体が、宗教的な機能はお寺や神社や教会が、教育は学校が家族に取って代わった。したがって、家族の機能には、子どもの基礎的な社会化と、おとなのアイデンティティの安定（自分は親である、といったこと）といったものが残る程度になってきている。

　そして近年、家族は子どもの基礎的社会化という機能すら失いつつあるのではないか、つまり、家庭の教育力が低下しているのではないかということが言われるようになってきた。世間ではよく「最近の親は子どものしつけができていない」などと言う。このことをどう考えたらよいだろう。

　こうした非難をしたり危惧を感じたりする人たちが前提としていることは、かつての家庭には教育力があったということである。そして、そこで言われる「教育力」とはおもに「しつけができているかどうか」ということである。「しつけ」とは、日常生活における基本的な習慣の育成や、家庭生活の内外で必要とされる社会的習慣に、子どもを馴らしていくことである。

　しかし、しつけに関して言えば、実は、第2次世界大戦が終わるまでの日本社会においては、農村でも都市でも多くの親たちはしつけや家庭教育に必ずしも十分な注意を払ってこなかったことが分かっている。農村の子どもは、基本的には、親のしつけよりも、きょうだいや地域の子ども集団の中で育ち、おとなとともに共同体にいることで自然におとなから学んでいたのである。一方で生活や労働にかかわること、例えば農機具の手入れなどについては、現代の親よりはるかに厳しかったとも言われている。子どもとしての配慮のもとに子どもとして教育されていたのではなく、生活の必要上おとなが当然するべきことをできるよう育てられていたのである。

子どもをよりよく育てようとする、そして子どもの教育への責任感が強い、教育意識の高い親を、私たちは当然のようにあるべきモデルとしてイメージしているが、こうした親のあり方は当たり前でも一般的なものでもなく、大正期（1910～1920年代）の、「新中間層」と呼ばれる、資本家と労働者の中間に新たに出現したごく一部の層で見られた親のあり方だった。父親がデスクワークをして母親が働きに出なくていい程度の給与を得ているために、時間も教養も経済力もあり、したがって子どもにより注意が払われるようになったのである。大正期に児童文学や育児書が多く出版されるようになったのは偶然ではない。

　1960年代以降、農村が解体するなど第1次産業の従事者が激減し、高度経済成長に伴って、大正期の新中間層に見られた給与所得者、いわゆるサラリーマンというホワイトカラーの層がきわめて厚くなった（つまり人口が増えた）ために、かつての新中間層の親のあり方が、一般的に見られるものとなっていった。つまり多くの人に共有される普通のこととなったのである。このことによって、子どもをよりよく育てることが親の、とりわけ母親の一般的な子育て目標になっていったのである。

　したがって、私たちが現在イメージするしつけという教育的行為は、かつては一部の階層の家庭にしか見られなかったものであり、教育する家族の広がりと、しつけの機能を担っていた地域社会の崩壊とがあいまって、しつけの多くが家庭に担わされるようになってきたということである。そのため、たまたま無作法な子どもや若者を見ると、子どもを教育する責任をいちばんに負っているとされる家族を非難したくなり、そうした私たちの意識が、最近の親は子どものしつけができていないといったイメージを作り出しているという側面があると考えられるのである。

　以上述べてきたような、家族のはたらきの変容と、教育する家族の広がりは、封建的なイエ制度の否定と個人主義の浸透ともあいまって、子育ての意味を変えてきている。

　第1に、労働力や跡継ぎとしての子どもへの期待はほぼなくなり、かわって、子どもは親に楽しみを与えてくれる生きがいであるという側面が表に現れてきている。第2に、子どもをうまく育てることが、親の満足感、自尊感情、自己効力感、自己肯定感などを高めてくれるものとなってきている。

　したがって、親にとって子どもをよりよく育てることが重要な関心事となり、さらによりよく育てるべきであるという考えが広まった、つまり社会の規範となってきたのである。だから、上手に育てることができないということが、育児不安と

なって特に母親に重くのしかかるようになってきており、例えば児童虐待に関して、教育意識が低いことによる粗暴さからというタイプだけではなく、教育意識が強いために生じさせてしまうというタイプも多くなってきているのである。

V　子どもが育つための共同性の構築

　子どもを育てる責任は、現代ではやはり親がまず負うものだろう。しかし、ここまで述べてきたように、親だけが責任を負って高い教育意識をもって育てるというあり方が、歴史的にむしろ特殊であり、過剰な負担を強いているとすれば、親以外の人たちからの手助けや、親どうしの助け合い、制度的なバックアップなども含め、社会全体の共同性の中で子どもを育むというあり方が望ましいのではないだろうか。

　今の若い人たちは、利己的で自分の世界に引きこもっていて、コミュニケーションが苦手であるという見方がある。この見方がほんとうであれば、若い親たちが共同性の中で子どもを育むというあり方を目指すのはとても難しい。しかし、ほんとうにそうだろうか。若い人たちのグループを観察したり、若い人たちと接したりしていると、現代の日本の若者は、仲間には非常に細やかに気を遣って、助け合っていることが分かる。ただ、彼ら／彼女らが「仲間」とみなす共同性の範囲が狭くなっていると考えられる。そして仲間以外は、あまり関心の対象にならないのである（おとなも似たようなものである）。

　学級という集団にはかつて、一丸となる盛り上がりや、大きな集団の間の対立や葛藤が見られたが、今は、お互いにかかわり合わない小グループに分断されているという見方もある。しかし、行事などの際に、若者たちが思わぬ一体性を示すこともある。

　親たちの、あるいは地域社会の人々の共同性の範囲を広げて、それらが交わり合うことで、子どもの育ちにかかわる人たち、関心を持つ人たちが増えて、親の負担は拡散され、子どもの多様性を受け止める幅が広がり、親も子どもも息苦しさからより解放されやすくなるのではないだろうか。

　こうした共同性を構築していくための1つの重要な場は、保育所や幼稚園などの就学前の保育施設である。そこには、多くの子どもが集まり、親が集い、地域社会の人たちが出入りする。そして何より、子どもの育ちを支援する専門家がいる。

　現代では、子育てに関して、親族間や保護者どうしの情報交換などによる自然な

学習の機会が減っている。その機能やネットワークの代わりになったり、新たにつくり上げたりするのが保育所や幼稚園の子育て支援である。このことが、親、特に母親の子育ての過重な負担と不安感とを軽減する一助となり、子どもの最善の利益が保障されることにつながっていくのである。

こうしたことを可能にするのは保育施設だけではない。地域の公民館や、大学、公園などさまざまな選択肢がある。いずれにしても、こうした取り組みのために必要なことは、昔に戻るという発想ではなく、改めて人工的に共同性を構築することではないだろうか。そしてその方が現実的だと思われる。例えば、保育所や幼稚園などを、単に保育施設や子育て支援センターではなく、疑似共同体としてデザインするという視点が必要であろう。地域の高齢者との交流や、地域住民とふれ合う機会の創出、しかも子どもが園から出て行くだけでなく、園に来てもらうという取り組みがもっと共同性という視点から意識されてよいだろう。また保育者に両性を配置する、保育者の年齢バランスを考えて配置する、あるいは障害の有無にかかわらずともにいるといったことが、子どもとともにある人たちをより多様にして、共同体としての幅広さを保障する。

多様性を備えた共同性の中で、自分と違ういろいろな人と接し、ともに生きていく経験が、子どもにとっても、かかわり合うおとなにとっても、ありのままの自分を認め、ありのままの他者を認めて、共生していくスキルを身につけていくことにつながると思われる。

【引用・参考文献】
(1) アリエス・P、杉山光信・杉山恵美子訳『〈子供〉の誕生』みすず書房、1980年。なお、アリエスの文献の解釈にあたっては主として次の文献に依拠した。森田伸子「〈子供〉の誕生――アリエス」金子茂・三笠乙彦編著『教育名著の愉しみ』時事通信社、1991年、215～221ページ。
(2) ベンヤミン・W、丘澤静也訳『教育としての遊び』晶文社、1969年。ベンヤミンの議論の理解に際しては主として次の文献に依拠した。今井康雄「教育としての遊び――ベンヤミン」金子・三笠編著『前掲書』199～206ページ。
(3) 広田照幸『日本人のしつけは衰退したか――「教育する家族」のゆくえ』講談社現代新書、1999年。
(4) 前掲書（3）。

第12章　新時代の育ちと育て
――わたしたちの手で創る「子育ち」

山極　完治

はじめに

　「子育ち」は新語。最近、子育てに並んで使われ始めている。Yahoo!サイトによる検索では約11万件がヒットする。まだまだ少数派である。しかし、常に新しい変化は少数から始まる。新世紀、2000年の春に社会教育の現場に就いている人たちから「子育ち学」が生まれている。

　「子育ち」をもって表現しようとした新しい意味づけは何か。問題は、この新しさが、単なる流行で終わってしまうのか、それとも未来を代表し、いずれは多数派を形成するものなのか、である。

　見えざる手によってだけでは実需を超えるマネー経済が肥大化したグローバル経済は動かない。もはやあからさまな市場原理では経済の破綻が見えている。今日、経済的な価値だけが支配する時代になく、経済と文化とが並行して歩む企業新時代にある。

　他方、借金時計がくるくる回る日本の財政。国の借金は、2007（平成19）年度末で849兆円に達し、一般会計予算約83兆円の10.2倍、GDP510兆円あまりの1.7倍に及ぶ。過去最高を更新し、国民一人あたりの借金は約665万円である。これでは多くを行政に期待できない。行政にのみ「公共」を任せる時代でもない。

　地球環境の変質による不安が増し、心身の危うさが際立つだけに、危うさの振り子は、その深刻さの分だけ「新しい変化」を求め、反対に大きく振れるに違いない。

　このような時代にはこれまで通用してきた価値体系が崩れ、「新しい価値観」が生まれる。やはり、「新しいこと」は決まって「これまでにないこと」「これまでにないひと」から生まれてくる。既成観念にとらわれない、違った視点や発想が必要である。

多様性を活力の源泉にと、一人ひとりを大事にそれぞれの個性や能力を活かそうとする志向性の強さに、成熟した市民の時代が現れ始めている。そして、企業と市民と行政との協働による「新しい公共」の創出が時代の問いかけになっている。
　こうした脈絡のなかで「子育ち」が生まれてきたと言えよう。
　本稿では「子育ち」というこれまでにない新しい言葉にこだわって、これからの地域と共にある子どもの育ちを考えてみたい。第1に、多様な価値観をもつ人々を受け入れ互酬性のある関係性を持つことに活力を見出す成熟した市民の時代について考察する。第2に、それにふさわしい新しいコミュニティとは何かを検討する。第3に、そもそも地域とは何か、に立ち返えって考える。第4に、新しい時代性にある子育てとはどのようなものか、を考察する。最後に、新しい育ちに道を拓く共同性の再構築に触れることとする。

I　成熟した市民の時代——多様な「違い」は活力の源泉

　個々人の美意識や価値観を打ち出し、自分らしく生きることに居心地の良さを感じ、背伸びをせずありのままの自分と向き合いつつ暮らすことを望む人々が増えてきている。とはいえ、新しい暮らしも、新しい子育ても、いまだ、共通の意識的な課題となっているとは言い難い。
　わずかに見えた変化を大仰に叫ぶだけでは単なる変人であろう。本当の革新は、当初、なかなか理解の得られないものから始まり、それ以降、着実に支持を増やし、多数を代表するものになっていく。
　このような革新は、時代の問いに応えることを意識し、時代のトレンドを読み込んでいることから確かなものとなる。未来を代表する価値観、労働観、暮らし観はいかなるものなのか。同様に、未来に花開く子育ては何か。これらの問いかけが肝心だ。
　こうした新しい変化を感じ取り、個に即した自分らしい生き方を実現しようとする人たちに期待感がある。性差、年齢差、障がいのあるなし、出自や宗教の違い、異なる国籍にもかかわらず、等しく人権を保障し、違いを活力にする成熟した市民の時代が求められつつある。互いを敵視するのは簡単だが、違いを活かす共同性を紡ぎあげていくのは難しい。なぜなら、この協働作業は、新しい暮らしや価値観を想像し、創造する、展望のあるデザインが欠かせないからだ。

第12章　新時代の育ちと育て

　違いを争いの種にしない。違いが人を育てる種になる、そうした実感をもつ経験が、多様性を大事にして生きることを教える。差別と選別の社会的排除に代わって、違いを活力に変える社会的な包摂が望まれる。ダイバーシティーを受容し、これを活力に変えるダイナミックな働き方、暮らし方、そして生き方が約束の地を拓くものになろう。

　例えば日本には、200万人を超す外国人が暮らしている。在日コリアン、ブラジル人などが家族と共に定住し、ダブルの言語と文化、生活習慣をもつ彼女彼らの思いが社会に届けば、クロストークの上で成り立つ新しい文化や教育は、これまでにないまちの形を生み出し、異なる国同士の架け橋にもなる。

　また、障がいのある子どもを特別視しない、差別しないことが、みんなが安心して暮らせる、確かな導きの糸であるはずだ。差別は差別を再生産する。下位に人をつくることで感じる「安心感」は一時の気休めにすぎない。社会的な格差が構造化してしまうと、落ちこぼれの脅威が強く働くことになる。個人がどんな状態になってもどのような位置にあっても、どうにか暮らせる安心感、その信頼のベースがあって人は安心して挑戦し生きていく。

　確かに自分に同調するものが集まると力が出るように思える。実際、そうしたことも一時的には現実のものとなる。しかし、これでは持続的な発達・成長が保障されない。違った考えや価値観がなくてはいずれは行き詰まる。同質集団の形成は、一つ間違えば集団全体が一つになって誤った方向に一挙に動き出す、大きなリスクを有している。

　違った考えや性格、行動の持ち主を受容する精神や組織であることで、人も組織もしなやかで強いものになる。そうではなく、同調するものだけを集めようとするのは排除の論理を内包し、早晩人も組織も行き場を失うことになる。狭い小さな「仲間集団」も、大きな国家レベルの「同質集団」も、レベルの違いがあるものの排除の論理を含み、国家レベルに至ると強制権限の行使になり、社会的排除を色濃くする。自由主義の傾向さえ毛嫌いし排斥することになる。

　弱者の苦しみを体験し、弱者を包み込むことで人は強くなり、他者の傷みを自分の傷みとする社会は丈夫でしなやかだ。成熟した市民は、一人ひとりの固有性を発揮する形で人権を守る理念を有し、多様性を受容し、これを活力に、個として自分らしく社会的包摂の時代を生きていく。

Ⅱ 閉じたコミュニティから開かれたコミュニティへ

　こうした成熟した市民は、違いを認め、多様な他者と直に顔を向け合う対面性・対人性の高い関係性を取り結んで生きていく。特に、市民の育ちは、顔と顔を向け合うもの同士の協働・共鳴しあう関係性により大きく左右される。
　一方で、人間は独り、一人の人間として生きる覚悟を根本においた生き方が必要である。しかし、他方で、人は他者に助けられ、互いに励ましあい共鳴する関係性があって生きている。人がひとりで生きるということは、同時に、多様な他者との交じり合いの中で、これに支えられているということでもある。
　こうした関係性を取り結び、自らの育つ拠り所となるコミュニティのあり方次第で個人の生き方も変わっていくものである。特に、歩いて暮らせる距離感にある、行政区でいえば小学校区もしくは中学校区において形成されるコミュニティの持つ意味はきわめて大きい。
　これまでのコミュニティでは、一般に個々人の生き方や暮らし方は、家父長や地域のボスの権威、地域のしきたりに拘束されてきた。個が集団に埋没し、男中心の女・子どもを軽視・無視する、ある種の強制力が働く共同体であった。上下関係を骨格とし、女・子どもが犠牲になる、ジェンダーや子ども権利には意識の及ばない、そうしたものが社会的規範を形成していた。また、多くのコミュニティは同質集団を形成し、「よそもん」「変わりもん」を鷹揚に受け入れる文化を形成してこなかった。
　互いに交わりのないところに成り立つ地域の独自性をかけたぶつかり合いがあり、この閉鎖性を守ることで成り立つ共同性があった。つまり争いの中で成立する共同性は差別と排除をもってする「結束力」をもとにしている。みんなが一斉に一つの方向に動くかと思えば、それが破綻するや、正反対へと動き出す「危うさ」を持ち合わせた共同性といえる。
　しかし、日常の一コマでは顔と顔が見える関係にあって世話やきの調整やボスらしくボスの仲介・調停なども働き、みなが困っていた分、助け合う土壌も今よりは強かった。
　特に、子どもたちは、親の目が届かないことをいいことに自由で勝手に、多く残されていた自然の中で思いっきり遊んだ。創意工夫に満ちた道具やルールを考案

し、遊びの中で判断力を養い、子ども同士のコミュニュケーション能力も身につけたていった。

　他方で仕事や家事手伝いを通じた生活経験、そして、継承されていた地域行事や祭りのなかでわくわくする体験など豊富な自己経験を重ね、自分なりに学ぶものも多く、異年齢の子どもの中で、あるいはおとなとの多彩な関係の中で人間関係が磨かれ、人づき合いのコツも培っていたといえる。

　子どもは、成長するにつれ閉鎖的な関係を包含した不自由さを感じるようになるものの、総じて子どもにとっては良くも悪くも多様な他者から学ぶ機会があり、子どもがコミュニティの子としてあり、家庭と学校と地域社会とが織りなす「地域の教育力」が、それなりの実体を持っていたと言える。総じて高い定住性を有していたコミュニティの生活の場において時々に見せる強い結びつきは、郷土を愛するものの一体感をかもしだし、助け合うおとな社会の一面を見せることにもなることから、異年齢の集団を形成する子どもたちも、互いに助け合うことを知っていた。

　このような意味では、これまでのコミュニティは、子どもが育つにあたりその限りで一定の役割を果たしたと言える。

　これまでの共同性は封建的な臭いのするものとして排除するものばかりではなかった。いいおとなもだらしないおとなも、受容される地域社会の寛容さにあって、子どもや高齢者にはある種の過ごしやすさ、居心地の良さ持ち合わせていた。古い共同体に内在していた一面の積極性を切り捨ててしまってはならない。かなりのおとなたちは、この子がどこの、誰の子か知っていて、子どもは地域共同体の子として育てられた。その限りではわくわくする、みんな一丸となった一体感を感じる場面を経験して育った。

　だからと言って、昔に戻ればいいというのではない。成熟した市民の新時代にあっては、新しい共同性を考えることが先決である。これからのコミュニティでは新しい成熟した個の形成には他者に開かれた関係が望まれる。意識的に開かれたコミュニティを追い求めないと、同質集団による社会的な排除が次第に顔を出すことになっていく。むしろ、摩擦を引き出しぶつかり合いながら新しい生活や文化を産み落とし、新しい質の高いコミュニティを創っていくことが求められよう。

　同時に、インターネットに代表されるバーチャルな結び合いも、それに固有の意味がある。確かに、顔が見えない気楽さから無責任さがつきまとい、社会的病理の元凶との指摘もある。しかし、これを上手に使いこなす道を探ることが肝心で、こ

れまで広く普及したインターネットの世界のマイナスを指摘しただけでは前向きな答えは出てこない。

　他者に開かれた対人性・対面性の高いコミュニティがこれからのコミュニティである。と同時に全世界にまで広がる距離感を超えた「新しいコミュニティ」も、21世紀的な開かれたコミュニティといえよう。生物の多様性による絶妙のバランスにより成り立つ自然と同様に、地域も人の多様性を受容し、互いに支え合いながら成り立ってきた、と言える。互いの行き来が出来る垣根の低い、違う他者と共生するオープンなコミュニティが未来型のニューコミュニティだ。

Ⅲ　生きる総体としての「地域」づくり

　子どもは、四六時中地域生活圏の中で暮らすだけに、自治、仕事、医療・福祉、教育、文化、スポーツそして祭りや伝統行事等々、「地域」のかたち次第で子どもは変わる。

　このように子どもたちにとって決定的な生活圏、行動圏に当たる「地域」は、決定的な意味をもつにもかかわらず一見ありふれた言葉のようにも思える。生産機能が消えていき、消費一色になった感がある地域には希薄な意味しか持たないのだろうか。

　理想のある現実と理想のない現実は、同じ現実でも一般に考える以上に大きく違う。理想のある現実を意識し地域のかたちを考えてみよう。

　この意味づけから見ると、地域は、多様な異なる他者により構成され、その人々が「生きる」ために多彩な生活機能を兼ね備えた「豊かな生きる総体」として位置づけられる。

　たとえば、居心地のいい家は、キッチン、居間、寝室、書斎、子ども部屋、洗面所、風呂場、トイレといったその用途に応じた部屋が方角や動線を踏まえ配置されている。窓、押し入れ、天袋や地袋、地下収納庫、そして屋根や庇等々も、それぞれが役割の違いがありいずれも欠かせない機能として密接につながりあい、その位置、形や大きさが決められている。機能性に応じた素材を適切に選択し、用いている。それだけでなく、家の形や色合いなど総合したデザイン性も求められる。こうした住み心地の良い家は理想のある現実としてデザインされる。この基本に立って誰が住むのかにより、それぞれの必要性に応じてその姿を変える。

第12章　新時代の育ちと育て

地域も、たんに「区画された土地」「土地の区域」といった無機質の扁平な意味内容ではなく、人間がより良く生きる生活共同体としてこれを支える機能性と地域性・文化性を持ち合わせた一つの体系だった総体である。地域には老若男女がおり、乳幼児・子どもがいて、働き盛りの人がいるかと思えば、心身に障がいを持っている人もおり、妊婦がいて、病人もいる。共働きも、片働きも、シングルの女性や男性も、親のいない子も、宗教が違う人も多く、国籍を異なる外国人もいて、実に様々の生活態様をもつ人々で構成されている。地域で「暮らす」とは、本来的に「働く」「食べる」「住む」「遊ぶ」「学ぶ」「助け合う」「癒す」などを有機的に統合した「豊かな生活行為」としてある。したがって生活の場は、仕事、住まい、交通、医療・福祉、教育、文化、公園や緑地など地域環境、そして人々の交わり等々の機能が緊密に連関を持ちつつ統一された全体として位置づけられよう。

生活の場はひとつながり。有機的な総体としてあることで地域は豊かさを獲得する。この地域が、他地域や他県、広くは国を超えボーダレスでオープンであることで、その豊かさは、活力を失わず持続することができよう。

以上、こうした「生きる総体」として地域を意味づけ、理想のある現実として設計されたまちづくりが求められよう。自分たちの手で創るまちのビジョン全体を意識することなくしては子どもが育つ展望は開けない。

Ⅳ　「子育ち」とベストハーモニーを奏でる「子育て」

1　子育ちの哲学の根源にある子どもの人権

「子育ち」という新しい言葉は、子ども一人ひとりの人権を基本においた子ども観に立っている。子ども権利条約においては、子どもも同じ一人の権利（Rights）を有する人間、「人間としてあたりまえに認められるべき要求や意思」を実現していく主人公として位置づけている。子ども一人ひとりは代理がきかないかけがえのない存在である。子どもを見つめ、その良さを見極め、Children Firstの精神で子どもの最善の利益を第一に考える。子どもの見解を正当に重視し、その自己決定の考えを大事にする。こうした考えが子どもの権利条約の基調にある。権利が与えられたことは、それに応じた責任をもたされることでもある。子育ちの眼目は子どもをひとりの人間として尊重し、信頼し、子ども参加を引き出すところにある。

このように新しい「子育ち論」は、子ども人権を基調に置き、おとなとは異な

人生を歩む一人の人間として子どもを捉える理念的な子ども観に依拠したものといえる。

既に、愛知県高浜市では、子どもの意見を尊重し、可能な限り子どもからの提案を取りいれ、おとなの側の子ども観を見直し、子どもを市民として尊重し、子どもとおとなが共に市民として生きる地域をめざし、「高浜市子ども市民憲章」を定め、取り組みをスタートさせている。

2　子どもの本性に立つ子育ち

そもそも子どもは、その純真さ、可愛らしさ、優しさ、高い受容性・透明性そして豊かな表現力などおとなとは違う能力・個性を有し、何よりも自ら進んで生きようとする育つ力を持ち合わせた存在である。この子どもの本性を拠り所に「子育ち」が強調されている。

子どもたちは、遊び経験からみにつけてきた身体性、これと背中合わせのある種の判断力から、小さな挑戦を積み重ね、「これはやれそう」と可能性を広げていく。必ずしも自覚的とは言えないが、自前の経験から、成功には自信をつけ、失敗にはどうして失敗したかを考える。自発的な育ちが子どもの内側には備わっているとの見方である。

しかし、これまでの子育てには、子どもを援助される側に置き、「してやる保育」の域に留まった子育てと言える余地が残されている。これは勢い、丁寧さが際立った「過保護」に陥りやすい。また、先回りして子どもの言動を縛る「過干渉」も、後を絶たない。手をかけるほどに過保護・過干渉になってしまう。これらは、いずれも子どもたちから失敗の機会を奪うことにもなる。そうではなく子を認め、聞いてやり、ほめて任せるスタンスから、自らの育ちを見守ることこそが大事である。

以上、権利をもつ一人の子どもが育つには、子どもたちを主体とした、子どもの自発性に信頼を寄せた、子どもが自ら気づき、自発的に生きようとする、子どもたちが「育ちのジグザク行進」の形をとる「子育ち」には深い意味づけがある。子ども声を直に聞き、彼女ら彼らが進んで育つことに腐心した子どもの育ちは質の高いものになろう。

3　子ども自身の生きる力を支援する「子育ち」

今日的には、子どもの心身を取り巻く環境は劣悪であるだけにわが子の育ちに

第 12 章　新時代の育ちと育て

は敏感で、弱い立場にある子どもを全力で守るべきとの思いが生まれ、そこには「何々をしてあげる」という「親心」が映し出されている。孤立した子育て環境にもあることから、子どもを育てるおとなが主体の子育てに傾斜してきている。しかし、子ども大事の親心は必ずしも良い結果になるとは言えない。

　既に見たように、子どもは育てられるだけの存在ではなく、自ら考え、主体的に生きる力を潜在的に持ちえている。「育つ力」をないがしろにしては、子の学ぶ力、生きる力は本当には育たない。

　さりとて、「育つ力」があるからとこれ一辺倒では放任の子育てになりかねない。「育ちのジグザク行進」をサポートする成熟した市民の存在が欠かせない。「子育ち」をサポートする仕組みもあわせ大事にするところに、子ども人権が保障され、子ども自らに自己肯定感やセルフ・エステームという自尊感情が生まれることになる。こうした感情の熟成は同時に他者を尊重し、互いを受容しあう、共感し共鳴しあう関係の形成を呼び起こすことになろう。

　投げ飛ばすのでもなく、ずるずる下がるのでもない「胸を貸す」相撲の稽古のように、また、水をやりすぎても、少なすぎても草花は育たないように、子どもの育ちも同じことだろう。子どもとおとなの適当な距離感が肝心である。

　子どもが自ら「学ぶ」という能動的な心持ちなくして子どもは育てようにも育たない。子どもたちは、自分の足で立ってみたい、自らの考えで行動してみたい、自分の力を確認したい、といった願いがあるはずだ。この願いに応え、最終的には、子どもたちが自己決定して歩んできたと言えるように、多様なおとなたちによるサポートが欠かせない。

　この意味で「子育ち」とベストハーモニーを奏でる「子育て」がこれからの新しい子どもの育ちになるのではなかろうか。

V　地域と共にある「みんなで子育ち」

1　子育ち・子育てをささえあう地域の「みんなで育て」

　子どもが、「私の子」でなく「私たちの子」として捉えられ、地域的関係性のなかで子どもと他者とが交じり合うことで、子ども同士、子どもと親、子どもと地域の人たちとが共に育つ道が望まれよう。保育者・教育者を含めおとな一般が子を育てる生活環境が大事になる。親のいない子ども、親が子育てを放棄した子、親が仕

事や病気で子育てが出来ない子の「子育て」はなくていいわけがない。子どもは地域の宝、地域社会が新しい子育てを意識した自覚的な取り組みが必要になる。

「子育ち」にこれまでの「子育て」で培われた積極的な持ち味をブレンドした子どもの育ちが実体を持つにつれ、子育ちは親育ちになり、地域育ちにつながる。子どもを一人を「地域中の人」が育てる、というようになっていけば、ここから子も親も、地域も共に育つ「共育ち」が拓かれることになろう。

2 子育ち環境は新しい共同性の構築から

三間（時間、仲間、空間）の喪失に象徴される地域環境が激変し、学校教育の営みが偏差値に一元化し、尊敬の的にならず、知と経験のあり方も一変した。

地域社会が崩壊し、「私化」が極端に進み、生活は消費一色に塗りつぶされた感があり、孤立した人間関係が際立っている。地域の教育力が失われつつあり、子どもの心身が退化し、次第にやせ細ってきている。

それだけに子育ちサポートを意識した人為的な仕組みを精力的にデザインする時代に来ている。地域社会が壊れ、自然が破壊されていると嘆いてばかりいられない。

地域の自然環境や社会文化環境を踏まえた自立的な教育機能の再構築が求められている。個々人の権利を尊厳とする個人化と自立した個人の共同化とのウェルバランスにより生み出される「新しい共同性」、子どもや高齢者、障がい者をサポートする社会的共有財の蓄積に支えられた「新しい共同性」が意識的な課題になってきた。共同性のなかで個性を伸ばし、自立した個と緩やかな連携を図る開かれた「新しい共同性の構築」の芽生えがある。これを具現化した他人の子も自分の子と感じてつきあう「みんなで子育て」を進める擬似的共同体が求められてくる。

3 共同性の再構築による地域の「みんなで子育て」の意味

今日子育ちにあたって障がいのある人や外国人など多様性に満ちた地域の人々との多彩なふれあいや体験の機会を与え、子どもが考え、判断する余地を残す、自らの気づきとなる出会いや体験をプロデュースすることが大事になってきている。

個の多彩な「違い」を活かす幅広の共同性が生み出されてくると、どんな状態に置かれても誰もがどうにか生きていける「安心感」に包まれた、信頼のある共同体が次第に実を結ぶことになろう。

閉じた家族の中で高い教育意識だけが強く働く子育て環境にあって、専ら教育を自己の役目と考え、この評価が即自己への評価になると思いえがく、母親のプレッシャーは度を越している。それだけに多様な人々との共同性の幅を広げ、多彩な交わりを通じての子どもの育ち環境を整えることで、親一人の、家族だけの狭い利害関係に留まる子育ての窮屈さから、子どもはもちろんこと、特に母親も解放される。子育ち、親育ちを可能にしていくには、高い私的境界線が壁になっている閉じられた私的空間のなかでの教育に終止符を打たねばなるまい。

こうした子育ち・子育ての難しさは極限に来ているだけに、これを打開していかねば未来を担う子どもたちは生きる力を失い、近い将来、わが国の危うさは際立つことになろう。

4 新しい共同性による「地域の教育力」をデザイン

まずは、子どもの力を引き出す教育方法の開発に熱心な専門性の高い保育集団の知恵を引き出す場と仕掛けが課題となる。教育関係者はもちろんのこと、高い教育的目線から子と向き合う成熟した市民、こどもNPO、教育関係者、学生、自治体関係者などの協働作業として、その集約点に「地域の教育力」がある。こうした専門家や地域の人々と協働することで自己肯定感をもって自ら育つ子どもたちをサポートする意義は大きい。

子どもの言い分は言い分として聞き、自ら育つように適切にアドバイスする。新しい共同性が発揮された地域は、自分とは違う多様な人々がいるなかで、少し距離のある斜めの人間関係も含め、多様な他者と適当な距離を保ち、うまく折り合いをつけ、感情を安定させる、安心できる居場所となるに違いない。

子どもが自ら「生きる力」をつける「子育ち」は、先に見たジグザグ行進の中で実体化してくる。

子供が能動的に参加する遊びや遊び環境を人為的に提供する必要が生まれてきている。自然が近くになく空き地もない子どもの遊び環境を前にして、「自由に自分を表現し、認められ、受け入れられる体験をすることや、遊びという緩やかなルールの中で他者と自分自身を確かめることは、自分の感性に自信を深め、自分自身の確かな存在感を持つ基盤」となるとし、子どもの発達にとって遊びを重要な役割として位置づけ、遊び基地を目指す「愛知県児童総合センター」の今日的意義は実に大きい。センターには「遊び企画会議」（ACCC）が置いてある。ACCCは、名前も

ない全く新しい遊びを主体的に産み出しているところがいい。

　羽根木プレーパークをはじめ国分寺市プレイステーション、てんぱくプレーパークや半田プレイパークに代表される冒険遊び場づくりが全国に広がっている。子ども自身が考え、創っていく遊びの発見に子どもの育ちがみえる。見守ることを第一義として、子どもと一緒に考え、一緒に遊ぶ中で、子どもたちが主体的に育つように向き合うことが大事にされている。廃校を活かし、あそび、まなび、交流するセンターとしての「四万十楽舎」の事例もある。

　国分寺プレイパークでは子どもの目線で独自の遊び情報の提供を意図し、「生き物にあえる」「みずあそびができる」「木の実、どんぐりがある」などのマークで記し、「土山がある　思いっきり走れる」など地元住民ならでは情報を盛り込んだ子どもマップづくりに取組んでいる。出会い・ふれあい・学びあいのもと地域交流を進めながら高校生による子育てマップづくりに取組む「千葉県立木更津東高校家庭クラブ」事例も生まれている。「子育ちマップ」に限定せず地域の包括的な課題を意識した地域マップづくりは、まち全体を創り変えていく上で有力な手法である。障がい者も、妊婦も、外国人も、高齢者や子ども、けが人も、安心して行動できるのか、これら多様な他者の複眼によるチェックは、新しい参加型まちづくりを誘い出すものとなる。自分たちでの手で創るマップづくりの手法は実に挑戦的な課題である。

　本の貸し出し、おはなし会、ブックトーク、絵本研究会、読書案内など高知県こども課による協力・支援、高知県立図書館との連携による「NPO高知こども図書館」の活動があり、親子で舞台鑑賞・生活体験、あそび体験、自然体験の企画・運営する「高崎子ども劇場」の実践がある。地域社会全体で子育てを考えようとする子ども劇場の運動には見るべきものがある。

　また、名東保育園は名古屋市ではじめて高齢者施設をガラス戸一枚はさんで併設した。同市野並保育園は、野並デイケアセンターと廊下でつながっていて、いつでも散歩に行けるよう設計されている。学童保育を併設するグループホームに加え、2003年度より託児機能を持つ宅幼老所を開設し、介護と子育て支援をあわせ取組み、三世代が交流する共生住宅「光の里」（三重県桑名市）の新しい活動も注目されるところだ。

　そして、ふれあい、育ちあいをめざす「おもちゃ図書館」、子ども博物館教室、子ども議会、子ども音楽会、子ども放送局といった子どもたちを中心においた取組

第 12 章　新時代の育ちと育て　　　　　　　　　　　　　　　　173

みが見られている。

　今後は、個々の子育て家庭や制度に働きかけていくだけでは解決できない複雑化した地域社会のあり方、暮らし方や、働き方など社会全体の問題として捉えなおし、市民自ら「新しい公共」として要求型から提案型、そして実践型へと高めあう子育てが求められている。

　さらに、就学前から小学生程度の子どもが主要な70職種の労働疑似体験ができるように工夫した子どもたちの、子どもたちによる、子どもたちのための国をうたい文句にするキッザニア東京（Kidzania Tokyo）、小中学生が運営する様々なお店がある街「ちびなが商店街」なども新しい子育ちの試みの一つだ。

　特に、成熟した市民による市民自治の運動の延長線上に、子育ち・子育てを位置づけ、「新しい市民社会の創造」をめざすNPO「OTA子育て支援ネットふぉれん」（東京大田区）の挑戦が注目されていい。

　以上、子どもたちが自ら進んでやる「遊び」をはじめ代表にした子どもたち自身の経験を自らの育ちとする多彩な「子育ちサポート」の新しい挑戦が始まっている。

おわりに

逞しくしなやかな「子育ち」とウェルバランスの新しい子育て

　子育て期、とりわけ乳幼児期の教育を惜しめばそのツケは何倍にもなって返ってくる。子どもの最善の利益になるように、と願いを込めて、本稿では、子どもが主体的に生きる「子育ち」を基本においた新しい子育てを考えてきたところだ。

　この間、孤立した狭い人間関係のもとで進む親の教育意識の高まりは、教育の「評価」がすぐさま即自分の評価に直結するように思いこむ「競い合う教育」を生み出している。いつの間にか知の持つ意味が変質して、子を思う親心も、親を思う子心も、結果としては空回りして、望みとは逆の結果を引き出しているとも言える日常がある。子ども一人ひとりの個に即して子どもと向き合う「丁寧な子育て」はともすれば子育ちを阻害することにもなる。

　孤立した親たち同士による一方通行の「する保育」では、子どもが能動的に育つ教育成果は生まれない。結果として親も育たない。これからの「子育ち」には、まずは一人で育つ人間として子どもと向き合い、自らの経験知を培う機会を豊富に与

える子ども環境を整えることが欠かせない。そのためにも子育ての専門的教育技能を有する幼稚園・保育園、そして子育てNPOと行政と企業とが、それぞれに子育てにおける役割を分けあって、全体として協働する仕組みを高める、地域社会全体の共同性を発揮するなかで成り立つ「共育て」になる子どもの育ちが望ましい。

　今後、母親ばかりでなく父親の子育ち・子育てが期待されている。両性による子どもの育ては、性差ばかりでなく個性差を織り込んだ多様な幅のあるそれになるに違いない。特に今日の子育ちには父親の育児参画が欠かせない。そのためには男性の働き方の見直しを求め、ワーク・ライフ・バランスという新しい価値観を創出することが必要になる。

　この成熟社会への関門を突破すると、ジェンダーを超え、年齢や民族、国籍など違いのハードルは低くなり、多様性を活力にする質の高い新しい子育ち・子育てが生み出されていくことになろう。

　わが国でも、子ども権利条約の批准を契機に子ども権利をも踏まえて子どもが自ら育つ力のある存在として捉え、従来の子育ての持つ弊害を乗り越える意味からも「子育ち」を意識するようになってきている。

　子どもの育ちの基本理念はやはり「子育ち」にあり、子が自分で進んで始める遊びを引き出す場を設計し、異なる他者と多くの出会いを保証することで、自らの気づきによる学びを身につけ、鍛錬された心身を創り出していく。こうした自らが育つ子どもたちをじっと見守り、必要なときにタイミングの良いサポートをすることで、親と子が響きあい、共に育つことになる。

　子どもの育ちは子育ち思想が根本に位置づけられ、この基本に社会的なサポートが溶け合って、未来の子育ては生まれてくるのではないか。

　親を主体とした子育てサポートには、子どもの伸びやかな発達を制約するマイナスが内包されている。この負を払拭する子育ちが意識されてきた。しかし、この子

育ちも、これらばかりが強調されると、成行き任せ子育てに傾斜することにもなる。まずは、子どもの生きる力に依拠した「子育ち」の思想に立ち返ることが意味深い。しかし、同時に子育ちは、成熟した市民の意識的な子育て支援とブレンドすることで、いい味の、香りのある「子育て」が誕生してくるように思われる。

　本稿は、こうした視点を意識した「子育ち」への小さな挑戦であった。毛頭、十分消化したとは言えない。今後ともこうした子育ち支援に立つ実践例を拾い出しつつ、成熟時代を生きる子どもの育ちを一緒に考え続けていきたい。

【参考文献】
　本稿において子育ちの新しい実践例として次の労作を参照したので、ここに紹介する。
・喜多明人・浜田進士・山本克彦・安部芳絵『イラスト版子どもの権利』合同出版、2006年2月。
・喜多明人・荒巻重人・森田明美・内田塔子編著『子どもにやさしいまちづくり』日本評論社、2005年12月。
・小木美代子・立柳聡・深作拓郎編著『子育ち学へのアプローチ』エイデル研究所、2000年6月。
・白井慎監修・小木美代子・姥貝荘一・立柳聡編著『子どもの豊かな育ちと地域支援』学文社、2002年9月。
・小木美代子・姥貝荘一・立柳聡・深作拓郎・星野一人編著『子育ち支援の創造』学文社、20005年9月。

執筆者紹介（執筆順）

澤田　節子（さわだ　せつこ）
教授。主要担当科目は「看護学」「人間と健康」「人間学概論」。日本福祉大学大学院社会福祉学部研究科福祉マネジメント専攻修了。愛知県立病院、県立愛知看護専門学校長歴任、東邦学園短期大学教授を経て、2007年4月より現職。研究テーマは成人の健康教育。著書に『訪問看護論序説』（三恵社）、『ケアする人・ケアされる人に求められるケアリング』（共著、医学書院）、「女子学生の生活習慣と不定愁訴に関する研究」（愛知県看護教育県学会誌）がある。

橘　廣（たちばな　ひろ）
教授。主要担当科目は、「教育心理学」「発達心理学」「学習心理学」。京都大学大学院教育学研究科博士後期課程単位取得満期退学。長期的研究テーマは、脳の発達をふまえた教育及び脳の活性化、現在の研究の中心は、問題行動予防のための前頭前野の発達を促す教育、特に手指の操作活動に関する研究。龍谷大学、愛知県立大学非常勤講師、東邦学園大学経営学部教授を経て、2007年4月より現職。著書に『脳と教育——心理学的アプローチ』（共著、朝倉書店）、『神経心理学』（共著、新読書社）などがある。

古市　久子（ふるいち　ひさこ）
教授、子ども発達学科長。主要担当科目は「身体表現指導法」「保育と演劇」「幼児の身体表現」。京都大学大学院教育学研究科修士課程修了。奈良女子大学助手、京都教育大学非常勤講師、大阪教育大学教授、東邦学園短期大学教授等を経て、2007年4月より現職。研究テーマは「幼児における身体表現の発達」であるが、特に「リズム感の育成」には関心がある。2000年より八幡市教育委員長を務め教育行政に貢献。著書に『身体表現』（北大路書房）、『幼児保育とカウンセリングマインド』（共著、ミネルヴァ書房）。他にエッセイ『あしたのあなたへ』（春風社）などがある。

宗貞　秀紀（むねさだ　ひでのり）
教授。主要担当科目は「地域福祉論」「人間と福祉」。日本社会事業大学大学院社会福祉学研究科博士前期課程修了。全国社会福祉協議会高年福祉部長、宇都宮短期大学人間福祉学科教授を経て、2007年4月より現職。著書に『コミュニティワークの技術』（全社協）、『地域福祉分析論』（共著、学文社）、『ソーシャルワークの基礎理論』（共訳、みらい社）、『高齢者福祉論』（共著、学文社）、『児童福祉論』（共著、学文社）、『社会福祉援助技術演習』（共著、弘文堂）、『社会福祉士国家試験問題解説集15回～19回』（共著、中央法規）などがある。

矢内　淑子（やない　としこ）
准教授。主要担当科目は、「基礎音楽」「幼児音楽・器楽」「音楽表現指導法」「音楽演奏技術」。国立音楽大学大学院音楽研究科声楽専攻修士課程修了。旭川荘厚生専門学院主任研究員、岡山大学教育学部非常勤講師、中国短期大学音楽学部非常勤講師を経て、2007年4月より現職。学術論文に「言語の違いが音楽の感得に与える影響」（『岡山大学教育学部研究収録』第131号）など。著書に『福祉レクリエーション援助技術入門』（共著、大学教育出版）がある。オペラやアルトソリストとして数多くの演奏会に出演するほか、合唱団の育成に力を注いでいる。

神戸　賢次（かんべ　けんじ）
教授。主要担当科目は、「児童福祉論」「保育実習事前事後指導」。日本福祉大学社会福祉学部卒業。児童擁護施設で22年勤務し、名古屋自由学院短大保育科助教授、中部学院大学短大部幼児教育学科教授を経て、2007年4月より現職。研究テーマは「施設生活する子どもの権利と自立支援」で、児童養護施設や障害児・者施設で働く現場職員と協働して研究し、児童擁護実践のあり方を提言する。著書に『新選・児童福祉』（編著、みらい）、『子どもの援助と子育て支援』（編著、ミネルヴァ書房）などがある。

遠藤　ふよ子（えんどう　ふよこ）
教育カウンセラー。多治見市公立小学校にて児童カウンセラーを経て自宅にてカウンセリングルーム「グリーングラス」主催。現在、千種区社会福祉事務所勤務。

矢藤　誠慈郎（やとう　せいじろう）
教授。主要担当科目は、「教育学概論」「保育原理」「保育課程論」。広島大学大学院教育学研究科博士課程後期中退。岡山短期大学助教授、新見公立短期大学助教授、ニューヨーク州立大学客員研究員等を経て、2007年4月より現職。専門は教育経営学。現在の主な研究テーマは、保育者の専門性の発達とそれを支えるシステムの開発。著書に『教育原理・教師論』（共著、福村出版）、『保育原理』（共著、みらい）、『新・ティーチング・プロフェッション』（共著、明治図書）、『子育て支援のすすめ』（共著、ミネルヴァ書房）、『保育者論』（共著、建帛社）などがある。

山極　完治（やまぎわ　かんじ）
教授・現愛知東邦大学学長。中央大学大学院商学研究科博士後期課程修了。商学博士（中央大学）。敦賀女子短期大学助教授、東邦学園短期大学商経科教授、東邦学園大学経営学部教授を経て2007年4月愛知東邦大学学長に就任。専門は企業論・企業文化論。著書に『民間企業とシルバービジネス』（共著、中央法規出版）、『企業と環境の新ビジョン』（共著、中央経済社）、『少子高齢化を支える市民起業』（共著、日本短波放送）、『「地域ビジネス学」を創る――地域の未来はまちおこしから』（共著、唯学書房）などがある。愛知県地域ビジネス支援協議会座長、愛知県コミュニティビジネス事業推進委員会座長など歴任。現在、財団法人日本家庭生活研究協会理事。

榊　直樹（さかき　なおき）
第1章・3章の表紙写真撮影。名東の子ども研究会研究員。東邦学園理事長。中央大学法学部法律学科卒。毎日新聞社で浦和支局次長、政治部副部長、編集制作総センター編集部長、論説委員（政治・外交分野担当）、編成総センター室長などを歴任。2006年東邦学園常務理事となり、2008年4月から現職。共著に『論憲の時代』（日本評論社）など。

愛知東邦大学　地域創造研究所

　愛知東邦大学地域創造研究所は2007年4月1日から、2002年10月に発足した東邦学園大学地域ビジネス研究所を改称・継承した研究機関である。従来の経営学部（地域ビジネス学科）の大学から、人間学部（子ども発達学科、人間健康学科）を併設する新体制への発展に伴って、新しい研究分野も包含する名称に変更したが、「地域の発展をめざす研究」という基本目的はそのまま継承している。

　当研究所では、研究所設立記念出版物のほか年2冊のペースで「地域ビジネス研究叢書」を編集しており、創立以来4年半の間に下記8冊を、いずれも唯学書房から出版してきた。この叢書も「地域創造研究叢書」と改称して継続する。

- 『地域ビジネス学を創る──地域の未来はまちおこしから』（2003年）
- 『地場産業とまちづくりを考える（地域ビジネス研究叢書No.1）』（2003年）
- 『近代産業勃興期の中部経済（地域ビジネス研究叢書No.2）』（2004年）
- 『有松・鳴海絞りと有松のまちづくり（地域ビジネス研究叢書No.3）』（2005年）
- 『むらおこし・まちおこしを考える（地域ビジネス研究叢書No.4）』（2005年）
- 『地域づくりの実例から学ぶ（地域ビジネス研究叢書No.5）』（2006年）
- 『碧南市大浜地区の歴史とくらし──「歩いて暮らせるまち」をめざして（地域ビジネス研究叢書No.6）』（2007年）
- 『700人の村の挑戦──長野県売木のむらおこし（地域ビジネス研究叢書No.7）』（2007年）
- 『地域医療再生への医師たちの闘い（地域創造研究叢書No.8）』（2008年）
- 『地方都市のまちづくり──キーマンたちの奮闘（地域創造研究叢書No.9）』（2008年）

　当研究所ではこの間、愛知県碧南市や同旧足助町（現豊田市）、長野県売木村、豊田信用金庫などから受託研究や、共同・連携研究を行い、それぞれ成果を発表しつつある。研究所内部でも毎年5～6組の共同研究チームを組織して、多様な角度からの地域研究を進めている。本報告書もそうした成果の一つである。また学校法人東邦学園が所蔵する、9割以上が第2次大戦中の資料である約1万4,000点の「東邦学園下出文庫」も、ボランティアの皆さんのご協力で整理を終え、当研究所が2008年度から公開することにしている。

そのほか、月例研究会も好評で、学内外研究者の交流の場にもなっている。今後とも、当研究所活動へのご協力やご支援をお願いするしだいである。

地域創造研究叢書（旧 地域ビジネス研究叢書）No.10
「子育ち」環境を創りだす

2008年10月1日　第1版第1刷発行　　　※定価はカバーに
　　　　　　　　　　　　　　　　　　　　表示してあります。

編　者——愛知東邦大学　地域創造研究所
　　　　　　（旧　東邦学園大学　地域ビジネス研究所）

発　行——有限会社　唯学書房
　　　　　　〒101-0061　東京都千代田区三崎町2-6-9　三栄ビル502
　　　　　　TEL　03-3237-7073　　FAX　03-5215-1953
　　　　　　E-mail　hi-asyl@atlas.plala.or.jp

発　売——有限会社　アジール・プロダクション

装幀——米谷　豪

印刷・製本——株式会社　教文堂

ⓒCommunity Creation Research Institute, Aichi Toho University
2008 Printed in Japan
乱丁・落丁はお取り替えいたします。
ISBN978-4-902225-44-0　C3336

地域創造研究叢書（旧 地域ビジネス研究叢書）
愛知東邦大学地域創造研究所 編

『地域創造研究叢書』では、
愛知東邦大学地域創造研究所の研究成果である
先進的な地域研究の論文をタイムリーに掲載します。

地域ビジネス学を創る――地域の未来はまちおこしから
A5判、上製、320ページ　定価：本体3,200円＋税　ISBN4-902225-00-X C3034
■目次
第1部 地域ビジネス学とその展望
　第1章 地域ビジネスとはなにか ／ 第2章 地域データとその活用、分析 ／ 第3章 地域と非営利ビジネス ／ 第4章 地域ビジネスと産業集積の新しい動向 ／ 第5章 地域ビジネス研究の課題と手法
第2部 地域ビジネスとまちおこし
　第6章 中部における産業おこし ／ 第7章 伝統・地場産業と地域ビジネスの展開 ／ 第8章 地域の産業・文化の現代的課題 ／ 第9章 まちづくり・地域おこしの動向と提案 ／ 第10章 未来社会を紡ぎ出すコミュニティビジネス

地域ビジネス研究叢書 No.01　地場産業とまちづくりを考える
A5判、並製、192ページ　定価：本体2,200円＋税　ISBN 4-902225-03-4 C3334
■目次
第1部　地域再生とビジネス
　地域再生と地域ビジョン――「彩色化したコミュニティ」を紡ぎ出す ／ 地場産業の再生と地域経済――東濃地域の陶磁器産業を中心に ／ 地域再生とまちおこし――足助町まちおこし研究 ／ 地場産業を担う人々――有松絞り、ある括り手の独白
第2部　地域を担う教育と発想
　愛知の教育と私学経営 ／ 新しい発想の転換――手持ちの材料を交換する

地域ビジネス研究叢書 No.02　近代産業勃興期の中部経済
A5判、並製、192ページ　定価：本体2,200円＋税　ISBN 4-902225-10-7 C3334
■目次
　20世紀の幕開けと近代産業の勃興 ／ 中部の産業黎明期 ／ 伊藤次郎左衛門祐民の社会活動と大都市名古屋づくり ／ 下出民義と電力事業 ／ 名古屋における洋式ホテルの創設と展開過程 ／ 日本近代化における地域ビジネスの役割 ／ 大正期における愛知の実業教育の発展 ／ 近代産業勃興期における製造業拠点地域の形成

東邦学園大学地域ビジネス研究所は、2007年4月より愛知東邦大学地域創造研究所になりました。それに伴い「地域ビジネス研究叢書」は、2008年刊行分より「地域創造研究叢書」となります。

地域ビジネス研究叢書 No.03　有松・鳴海絞りと有松のまちづくり
A5判、並製、192ページ　定価：本体2,200円＋税　ISBN 4-902225-13-1 C3334
■目次
第1章 有松・鳴海の地勢 ／ 第2章 有松・鳴海絞り産業と発展形態 ／ 第3章 絞り産業の位置づけ ／ 第4章 有松のまちとまちづくり ／ 第5章 有松・鳴海絞り産業の現状と今後の課題 ／ 付録 有松・鳴海絞会館訪問者アンケート

地域ビジネス研究叢書 No.04　むらおこし・まちおこしを考える
A5判、並製、128ページ　定価：本体2,000円＋税　ISBN 4-902225-21-2 C3334
■目次
第1章 地域づくりの背景——むらおこし・まちおこしを考える ／ 第2章 まちづくり、むらづくりあれこれ ／ 第3章 名古屋市城山・覚王山地区の「歴史と文化を生かしたまちづくり」——「身近な遊歩地域とコミュニティ育成のまちづくり」の一事例として ／ 第4章 足助のまちづくり ／ 第5章 山村のむらおこし——長野県開田村の場合

地域ビジネス研究叢書 No.05　地域づくりの実例から学ぶ
A5判、並製、192ページ　定価：本体2,200円＋税　ISBN 4-902225-23-9 C3334
■目次
第Ⅰ部　地域づくりの実例から学ぶ
第1章「地域おこし」の方法論について ／ 第2章「商店街問題」に見る地域問題（課題）の推移 ／ 第3章 地域ビジネス研究所における地域づくり研究の系譜 ／ 第4章 問題意識と本書で取り上げた各地の概況
第Ⅱ部　地域づくりの実例
第1章「古さ」を活かして蘇った高山中心街——岐阜県高山市 ／ 第2章 歴史を活かした「歩いて暮らせるまちづくり」——愛知県碧南市大浜地区 ／ 第3章 神々が舞う里——愛知県北設楽郡東栄町御園 ／ 第4章 東紀州地域の活性化事業について——三重県紀州地域 ／ 第5章 地場産業としての二輪車産業の発展と限界——静岡県浜松市 ／ 第6章 売木村のむらづくり——長野県売木村 ／ 第7章「しがらみ」を排して復活した長浜中心街——滋賀県長浜市 ／ 第8章 佐原市のまちづくり——千葉県佐原市 ／ 第9章 大分県日田市のまちづくり——大分県日田市

地域ビジネス研究叢書　No.06　碧南市大浜地区の歴史とくらし
　　　　　　　　　　　　　──「歩いて暮らせるまち」をめざして

A5判、並製、192ページ　　定価：本体2,200円＋税　　ISBN 978-4-902225-31-0 C3334

■目次
第1章 碧南市と大浜地区のまちづくり ／ 第2章 碧南市域の歴史と水野氏 ／ 第3章 大浜陣屋と碧南市域の発展 ／ 第4章 近世・現代の碧南の産業 ／ 第5章 戦後碧南産業の変容 ／ 第6章 碧南のまちづくりの特徴 ／ 第7章 21世紀の大浜地区と碧南市

地域ビジネス研究叢書　No.07　700人の村の挑戦
　　　　　　　　　　　　　──長野県売木のむらおこし

A5判、並製、184ページ　　定価：本体2,200円＋税　　ISBN 978-4-902225-32-7 C3334

■目次
第Ⅰ部　村の現状
　第1章 売木村の歩み ／ 第2章 売木村の祭り・念仏講・木地師 ／ 第3章 売木の人口問題 ／ 第4章 売木村の財政構造の特徴
第Ⅱ部　仕事おこし
　第5章 自立に挑む小規模自治体 ／ 第6章 売木村のむらおこしと産業発展 ／ 第7章 地域資源の活用と新事業創出 ／ 第8章 景観問題と地域づくり ／ 第9章 売木村の将来を考える

地域創造研究叢書　No.08　地域医療再生への医師たちの闘い
（旧 地域ビジネス研究叢書）

A5判、並製、208ページ　　定価：本体2,200円＋税　　ISBN 978-4-902225-38-9 C3334

■目次
第1章 地域医療の再建と高齢者医療 ／ 第2章 都市圏にある民間病院が直面している諸問題──名古屋市にある医療法人偕行会の地域医療 ／ 第3章 中津市の地域医療改革の取り組み──大分県の中津市民病院の場合 ／ 第4章 木曽郡の地域医療の問題点──長野県立木曽病院の取り組み ／ 第5章 木曽全域を診る医師達の苦闘──長野県立木曽病院の聞き取り調査から ／ 第6章 木曽の高齢者介護を預かる老人施設の取り組み──木曽介護老人保健施設の聞き取り調査から

地域創造研究叢書　No.09　地方都市のまちづくり
（旧 地域ビジネス研究叢書）　　──キーマンたちの奮闘

A5判、並製、176ページ　　定価：本体2,200円＋税　　ISBN 978-4-902225-40-2 C3334

■目次
愛知は地域が元気！ ／ 地域のおカネは地域で！ ／ 地域と流通──小売業はこれからどう変わるか ／ 町並み保存とツーリズム──地域振興の視点から保健施設の聞き取り調査から